쉽게 따라하는 행동경제학

오타케 후미오 지음 | 김동환 옮김

KB003984

AK

일러두기

1. 이 책은 국립국어원 외래어 표기법에 따라 외국 지명과 인명 및 상호명을 표기하였다.

2. 역자의 주석은 페이지 하단에 각주로 표기하였다.

3. 서적 제목은 겹낫표(『 』)로 표시하였으며, 그 외 인용, 강조, 생각 등은 따옴표를 사용하였다.

   예)『실천 행동경제학─건강, 부, 행복을 위한 총명한 선택』,『Thinking, Fast and Slow』,『괴짜 경제학』

4. 이 책은 산돌과 Noto Sans 서체를 이용하여 제작되었다.

목차

머리글

우리는 아침에 일어나서 밤에 다시 잠자리에 들 때까지 끊임없이 의사결정을 하며 살아간다. 다만 대부분의 의사결정은 습관처럼 크게 의식하지 않고 이뤄진다. 몇 시에 일어날까, 무엇을 먹을까, 어떤 옷을 입을까, 어떤 일을 할까, 쇼핑은 무얼 할까, 몇 시에 잘까 등등. 이런 의사결정을 하는 데 머리를 써가며 신중을 기하게 되면 몹시 피곤해진다. 그럼에도 미리 정해놓은 대로만 식사를 하는 것이 아닌 것처럼, 우리들의 의사결정에는 일정 부분 의식적으로 이뤄지는 것도 있다. 일상적인 쇼핑과 같이 크게 중요하지 않은 것이 있는 반면, 주택 구입이나 취직, 결혼, 질병 치료와 같이 인생을 살아가는 과정에서 매우 중요한 의미를 갖는 의사결정도 있다. 이런 의사결정에는 늘 고민이 따르게 마련이다.

이처럼 중요한 의사결정을 할 때, 우리는 정보를 모으면 모을수록 합리적인 의사결정이 가능하다고 생각하여 되도록이면 많은 정보를 모으려고 한다. 그러나 정보가 많다고 하여 의사결정이 쉬워지는 것은 결코 아니다. 지나치게 많은 정보는 선택을 어렵게 하는 경우도 있기 때문이다. 형광등을 구입하기 위해 대형 가전제품 할인점에 갔는데 종류가 너무도 다양해 고르는 데 적지 않은 시간을 소모한 경험이 있을 것이다. 동네 편의점에 갔더라면 종류가 한정되어 있어 적어도 구입하는 시간은 절약할 수 있었을 텐데 말이다. 가격, 성능, 구입하기까지 걸린 시간을 모두 감안할 때, 과연 어디서 물건을 구입하는 것이 좋을까를 판단하는 일은 의외로 어렵다는 것을 알게 된다.

몸이 아파 병원에 갔을 때 의사로부터 이러저러한 치료 방법을 설명 듣는 경우에도 이와 유사한 일이 발생한다. 의사는 몇 가지 치료법을 제안하며 각각의 장점과 단점을 설명한다. 예컨대 "후유증이 발생할 확률은 x%, 잘 치료될 확률은 y%입니다", "좀 더 검사를 해보면 정확한 것을 알 수도 있겠지만 검사할 때 통증이 있고 상처가 남을 수도 있습니다", "말기에 인공호흡기를 부착하는 등 연명치료를 하실 겁니까?"와 같은 심각한 질문을 받는 경우도 있다. 이런 질문에 곧장 답할 수 있는 환자나 가족은 그리 많지 않다. 선택할 자유가 있다는 것은 반길 일이지만, 의료 전문가도 아닌 환자가 의

사에게서 받은 정보만 가지고 올바른 의사결정을 하는
데는 한계가 있다. 그렇기에 환자가 좀 더 손쉽게 의사
결정을 할 수 있도록 추가 정보를 주면 좋겠다고 생각
하는 사람도 적지 않을 듯하다. 한편 의사결정 자체가
불가능하거나 의학적으로 바람직하지 않은 의사결정
을 할 수도 있는 환자의 경우에는 정확한 의학 정보를
갖고 있는 의사에게 의사결정을 맡기는 편이 오히려 합
리적이라고 생각할 수도 있다.

　사실 의사에게서 이런 이야기를 들었을 때, 나는 전
통적 경제학에서 말하는 호모에코노미쿠스(합리적 경제
인)를 머릿속에 떠올렸다. 호모에코노미쿠스란 이기적
이며 고도의 계산 능력을 갖고 모든 정보를 활용하여
합리적인 의사결정을 하는 인간을 가리킨다. 전통경제
학은 이러한 인간상을 전제로 하여 경제학을 구축해왔
다. 하지만 1980년대 이후 발전해온 행동경제학은 인
간의 의사결정에는 전통경제학에서 생각하고 있는 합
리성으로부터 계통적으로 벗어나는 바이어스bias가 존
재함을 보여주고 있다. 현대의 행동경제학은 이와 같은
현실적 인간의 의사결정을 전제로 경제학이라는 학문
을 새롭게 구축하고 있다.

전통경제학이 전제로 하고 있는 합리적 의사결정 주체와는 달리 현실에 살고 있는 우리들은 다양한 고민거리에 직면하고 있다. 행동경제학은 바로 이러한 인간을 분석 대상으로 하고 있다. 노후를 대비해 저축이 필요하다고 생각은 해도 좀처럼 발이 떨어지지 않고, 숙제를 제출하거나 일을 마무리해야 하는 기한이 있음에도 미뤄버리며, 다이어트 계획은 잡아놨지만 실행에 옮기지 못한다. 이런 것들이 전형적인 행동경제학의 특성이다. 실제로 장시간 노동자 가운데에는 일을 미루는 경향이 강한 이들이 있다. 행동경제학에 대한 이해는 좀 더 나은 의사결정을 하는 데 도움이 될 것으로 기대된다.

그렇다면 인간의 의사결정에는 어떠한 특징이 있는 것일까? 행동경제학은 인간이 의사결정을 할 때 나타나는 습관적 특징을 몇 가지 관점에서 정리해왔다. 즉, 확실성 효과와 손실회피 성향에 착안한 전망 이론prospect theory, 시간할인율의 특성이기도 한 현재바이어스[1], 타인의 효용이나 행동에 영향을 받는 사회적 선호,

---

[1] 시간할인율이란 미래(의 가치)보다 현재(의 가치)를 선호하는 정도를 나타낸다. 따라서 시간할인율이 높을수록 미래보다 현재를 더욱 높이 평가한다.

그리고 합리적 추론과는 달리 일정한 패턴을 갖는 직관적 의사결정을 일컫는 휴리스틱스heuristics 이렇게 네 가지이다.

인간의 의사결정은 합리적으로 추론하여 예측할 수 있는 것과는 다소 거리가 있다. 이와는 반대로, 행동경제학적 특성을 이용하면 좀 더 합리적인 의사결정에 다다르게 될지도 모른다. 금전적 인센티브나 징벌적 규제를 사용하는 대신 행동경제학적 특성을 이용하여 사람들의 행동을 더 바람직한 방향으로 유도하는 것을 넛지nudge라고 한다.

이 책에서는 행동경제학의 사고방식을 알기 쉽게 해설하고, 행동경제학을 이용하여 넛지를 만드는 방법, 넛지가 일·건강·공공정책에서 어떻게 응용되는지를 소개한다. 이를 통해 독자들은 행동경제학의 기초이론과 응용 능력을 체득하게 될 것이다.

이 책의 기초가 되었던 연구에 대해서는 이 책의 끝부분에 있는 문헌 해제에서 설명할 것이고 참고 문헌도 달아놓았으므로 관심 있는 독자들은 참고하기 바란다.

제1장
행동경제학의 기초 지식

종래의 전통적 경제학(이하 전통경제학)에서는 뛰어난 계산 능력과 최대한의 정보를 이용하여 자신의 이익을 최대로 하는 행동계획을 세우고 이를 실행에 옮길 수 있는 합리적 인간을 상정해왔다. 행동경제학은 이와 같은 전통경제학의 인간상을 다음 몇 가지 관점에서 좀 더 현실적인 인간상으로 바꾸고 있다.

첫째, 전통경제학과 행동경제학은 불확실성하에서 행해지는 의사결정 방식에 차이가 있다. 전통경제학에서는 인간이 장래 발생 가능한 여러 상황에서 느끼는 만족도에 각각의 발생 확률을 곱하여 가중평균치를 구하고, 그 값을 기초로 하여 의사결정을 한다고 생각해왔다. 한편 행동경제학은 인간들이 '전망 이론prospect theory'이라 불리는 사고방식에 입각해 의사결정을 한다고 보고 있다. 이러한 사고방식에는 이득과 손실을 비대칭적으로 느끼거나, 상황 발생 확률을 액면 그대로 사용하지 않는다는 특징이 있다.

둘째, 전통경제학과 행동경제학은 의사결정의 시점, 즉 현재와 미래 가운데 행동에 옮기는 시점이 언제인지에 대해서도 차이가 있다. 전통경제학에서는 시간 이외의 나머지 상황에 변화가 없는 한, 미래의 일을 현재 시점에서 결정하여 실행에 옮겨도 아무 문제가 없다. 말하자면 의사결정의 시점이 그다지 중요하지 않다. 하지만 현실의 인간들은 지금 싫어하는 일은 미뤄두고 나중에 가서 후회하는 경우가 많다. 행동경제학은 현재바이어스present bias라는 특성을 이용하여 이와 같은 미루기 행동을 설명한다.

셋째, 전통경제학은 인간이 이기적이더라도 시장이 경쟁적이면 사회 전체가 풍요롭게 된다고 생각해왔다. 한편 행동경제학은 이타성利他性과 호혜성互惠性을 지니고 있는 인간을 상정하여 인간 사회를 고찰한다.

넷째, 전통경제학은 계산 능력이 뛰어난 인간을 상정하고 있지만, 행동경제학에서는 계산 능력이 충분하지 않은 인간들이 직관적으로 의사결정을 하는 사회를 생각한다. 이처럼 일정 패턴을 갖는 직관적 의사결정을 휴리스틱스heuristics라 한다.

이하에서 이들 행동경제학의 기본 개념들을 알기 쉽게 설명하기로 하자.

1. 전망 이론

위험 상황에서의 의사결정

"당신은 일기예보에서 강수 확률이 몇 % 이상일 때 우산을 들고 외출하십니까?" 이 같은 질문에 50%라고 답하는 사람도 있고, 30%라고 답하는 사람도 있다. 개중에는 지금 비가 오지 않는 한 우산 없이 나간다는 사람도 있을 것이다. 강수 확률이 100%가 아닌 한 우산이 없어도 옷 적실 일이 생기지 않을 수도 있다. 하지만 비가 내리면 흠뻑 젖게 될 위험이 있다. 한편 우산을 들고 나가면 비에 젖을 가능성은 없지만 우산이 짐이 된다. 우산을 들고 나간다는 것은 비에 젖을 위험에 대비해 보험을 들고 있는 것과도 같다. 우산을 들고 다녀야 하는 수고가 보험료에 해당한다. 이것이 비가 온다고 하는 위험 상황에서의 의사결정인 셈이다. 위험을 피하고자 하는 사람은 강수 확률이 낮아도 우산을 들고 나갈 것이고, 위험에 무감각한 사람은 강수 확률이 높아도 우산 없이 외출할 것이다.

자동차를 살 때 임의보험에 어느 정도까지 가입할 것인가 하는 문제도 이와 유사한 의사결정이다. 예컨대 자기 차의 손상에 대한 차량보험(즉, 자차보험)은 어디까지 들 것인지, 보험료가 비싸도 전액 커버할 것인지, 차량보험을 전혀 들지 않을 것인지 등등. 병원에 갔을 때 의사로부터 치료 방법 선택에 관한 제안을 받는 경우도 있다. 예컨대 치료법 A는 치유될 확률 x%, 부작용 발생 확률 y%이고, 치료법 B는 치유될 확률 x′%, 부작용 발생 확률 y′%인데 어떤 방법을 선택하겠느냐는 제안이 있을 수 있다. 이 경우 어떤 선택을 하건 위험이 따른다.

우리들의 일상생활에는 이와 같은 종류의 위험이 도처에 널려 있다. 병에 걸릴 위험이 있는가 하면 교통사고를 당하거나 범죄에 연루될 위험도 있다. 진학할 학교나 취업할 회사를 정할 때에도 어떤 진로를 선택해야 이후의 경력에 크게 도움이 되는지 알 수가 없다. 현재 시점에서는 업적이 좋은 산업이라 해도 장래엔 불황업종이 될지도 모른다. 우리들은 항상 이렇듯 복잡한 위험 상황에서 자신의 만족도를 최대로 하는 의사결정을 하고 있음에 틀림없다.

전통경제학에서 상정하는 합리적 인간은 제반 위험 상황의 발생 확률과 각 상황에서의 만족도로 측정한 이득을 곱해서 더한(즉, 가중평균한) 수학적 기대치(기대효용)를 기초로 하여 이를 최대로 하는 의사결정을 한다[1]. 이것이 전통경제학에서 말하는 위험 상황에서의 의사결정이다. 그러나 현실의 인간은 이렇게 복잡한 상황의 정보를 제대로 파악하지 못하고 정확히 계산하고 있을 턱이 없다. 행동경제학자들은 현실의 인간이 위험 상황에서 의사결정을 할 때 사용하는 사고의 틀이 전통경제학에서 사용하는 것과 다름을 분명히 보여주고 있다. '확실성 효과'와 '손실회피'[2]라고 하는 두 가지 특징이 바로 그것이다. 대니얼 카너먼Daniel Kahneman과 아모스 트버스키Amos Tversky[3] 는 이들 특징을 기초로 전망이론을 정립하였다.

---

1) 뒤에 자세한 설명이 나오겠지만, 마음이 급한 독자들의 이해를 돕기 위해 전술한 치료법을 이용해 부연 설명을 하면 다음과 같다. 여기서 제반 위험 상황이란 치유되는 상황과 부작용이 발생하는 상황을 말한다. 그리고 제반 위험 상황의 발생 확률이란 치료법 A의 경우 치유될 확률 x%와 부작용 발생 확률 y%, 치료법 B의 경우 치유될 확률 x′%와 부작용 발생 확률 y′%를 말한다. 이때 환자가 치유되는 상황 및 부작용이 발생하는 상황에서의 만족도로 측정한 이득을 각각 α, β라고 하면, 치료법 A의 기대효용은 xα+yβ, 치료법 B의 기대효용은 x′α+y′β가 된다. 전통경제학에서 상정하는 합리적 인간은 xα+yβ와 x′α+y′β의 크기를 비교하여 전자가 크면 치료법 A를 선택하고, 후자가 크면 치료법 B를 선택하게 된다.

2) 손실회피 심리 또는 손실회피 성향을 일컫는데, 이하에서는 원서에 충실하게 손실회피로 표기한다.

3) 대니얼 카너먼(1934~)은 심리학자이자 경제학자이고, 아모스 트버스키(1937~1996)는 인지·수학적 심리학자이다. 카너먼은 트버스키가 죽은 지 6년 후인 2002년 트버스키와 협력한 공로로 버넌 스미스Vernon Smith와 함께 노벨 경제학상을 수상했다.

확실성 효과

확실성 효과를 이해하기 위해 구체적인 예를 들어보기로 하자. 아래 박스에 나오는 두 가지 제비 가운데 하나를 뽑으라고 한다면 독자들은 과연 무엇을 택할까?

〈문제 1〉

A 확률 80%로 4만 엔 획득

B 100% 확실하게 3만 엔 획득

많은 실험 결과에 따르면 B의 '100% 확실하게 3만 엔 획득'을 선택하는 사람이 많다고 알려져 있다. 그렇다면 다음의 두 가지 제비는 어떨까?

〈문제 2〉

C 확률 20%로 4만 엔 획득

D 확률 25%로 3만 엔 획득

여기서는 C의 '확률 20%로 4만 엔 획득'이란 제비를 뽑는 사람이 많다고 알려져 있다.

그런데 〈문제 1〉에서는 B를 뽑고 〈문제 2〉에서는 C를 뽑는 사람은 전통경제학에서 말하는 합리성 가정과 모순된다. 그 이유를 설명해보기로 하자. 우선 α만 엔을 획득하는 제비를 뽑을 때 느끼는 만족도를 '만족도(α만 엔)'으로 표기할 때, 전통경제학에서는 〈문제 1〉에서 제비 B를 뽑는 사람의 선호체계가

1×만족도(3만 엔) > 0.8×만족도(4만 엔)

와 같은 부등호로 표현된다.

위 식의 양변에 0.25를 곱해도 부등호 관계로 표현된 선호체계는 변하지 않을 것이므로

0.25×만족도(3만 엔) > 0.2×만족도(4만 엔)

가 성립할 것으로 예상된다. 이 식은 25%의 확률로 3만 엔을 획득하는 것이 20%의 확률로 4만 엔을 획득하는 것보다 좋음을 의미한다. 즉, 전통경제학에 따르면

〈문제 1〉에서 B를 선택한 사람은 〈문제 2〉에서 D를 선택하는 것이 당연하다. 그러나 전술한 바와 같이 실제로는 많은 사람들이 〈문제 2〉에서 C를 선택하고 있어 전통경제학의 예상과 모순되는 것이다.

결국 만족도의 평균치(기대효용)를 계산하여 그 크기를 비교하는 방식으로는 위험이 있는 상황에서의 의사결정을 제대로 설명하지 못한다. 왜 그럴까. 하나의 가능성은 기대효용을 계산할 때 가중치로 사용하는 객관적 확률을 곧이곧대로 쓰지 않는 것이다. 실제로 사람들 중에는 80%나 90%라는 높은 확률을 그다지 높다고 느끼지 않는 경향이 보이는가 하면, 10%나 20%라는 낮은 확률을 그보다 높게 평가하는 경향도 눈에 띈다. 불확실한 현실에 살고 있는 우리들은 때로는 이와 같은 확률 인식을 갖고 의사결정을 하기도 한다. 확실한 것과 약간은 불확실한 것 가운데 확실한 것을 강하게 선호하는 경향이 있다. 이것을 '확실성 효과'라 한다.

카너먼과 트버스키에 따르면 우리들이 의사결정을 할 때 실제로 이용하는 확률과 객관적 확률은 〈그림 1-1〉에서와 같이 괴리가 있다. 다만 30~40%의 구간에서는 이들 두 가지 확률이 엇비슷하다고 생각된다. 그러

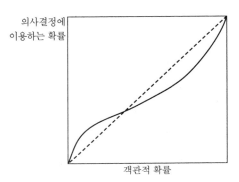

<그림 1-1> 객관적 확률과 의사결정에 이용하는 확률

나 확실하게 발생하지 않는다고 하는 0% 상황으로부터 작지만 발생할 가능성이 존재하는 상황으로 상태가 변할 때, 우리들은 그런 희박한 상황이 실제보다도 높은 확률로 발생할 수 있을 것이라 인식한다. 역도 마찬가지로, 확실하게 발생한다고 하는 100% 상황에서 벗어날 위험이 조금이라도 생기면 확실성이 크게 떨어진 것처럼 느끼게 된다.

이와 같이 객관적 확률과 의사결정에 실제로 이용하는 확률 간에 괴리가 있는 상황에서 의사결정을 해야만 하는 경우가 있다. 예컨대 백신 예방접종의 부작용이 0.01% 확률로 발생한다거나 후유증이 1% 확률로 발생한다는 정보를 듣고 의사결정을 하는 경우가 그렇다.

아무리 작은 숫자라고 해도 실제보다 발생 가능성이 높다고 느낄 것이다. 낮은 확률임에도 이를 매우 크다고 느껴 합리적인 판단을 어렵게 한다면 확률로 표현하는 것을 피하는 것도 답이다. 예를 들어 1%의 확률로 나쁜 상황이 발생한다고 하는 대신 '100명 가운데 99명에게는 부작용이 발생하지 않는다'라고 표현하면 부작용의 위험성을 작게 느낄 수도 있을 것이다.

객관적 확률과 실제로 의사결정에 쓰는 확률이 서로 다른 예로 자신과잉自信過剩이나 낙관이란 것도 있다. 자신의 능력을 과대평가하는 것으로 시험에 합격할 확률을 객관적인 합격 확률보다도 높게 예상하는 경우가 자신과잉이다. 자신과잉에는 남녀 간에 차이가 있다는 연구 결과도 있다. 예컨대 타인과의 경쟁에서 승자만이 보수를 챙기는 토너먼트인가, 타인의 업적과는 관계없이 자신의 업적에 따라서만 보수를 받는 업적급인가를 선택하게 하는 연구가 많은 나라에서 행해지고 있다. 선진국에서 행해진 연구의 상당 부분에서는 능력이 같아도 남성이 여성보다 토너먼트 경쟁을 통한 보수체계를 선호하는 경향이 있다. 그 이유로 몇 가지가 거론된다. 첫째, 토너먼트에서는 타인의 능력에 관한 불확실성이 위험요인으로 작용하기에 남녀 간에는 위험을 싫어하는 정도에 차이가 있다. 둘째, 남녀 간에는 경쟁 자체를 즐기는 정도에도 차이가 있다. 그리하여 셋째, 자신과잉의 정도에 남녀 차가 존재하는데, 팀 리더를 뽑을 때에도 자신과잉의 정도가 높은 남성이 여성보다 능력이 많다고 주장하여, 그 결과 리더로 선발되기 쉽다.

손실회피

　확실성 효과와 함께 전망 이론의 다른 한 축을 이루는 것이 손실회피다. 다음과 같은 동전 던지기 문제를 생각해보면 손실회피를 이해하는 데 도움이 된다. 독자들은 〈문제 3〉의 두 가지 선택지 A와 B 가운데 어떤 것을 선택할까?

〈문제 3〉

A　동전을 던져 바깥이 나오면 2만 엔을 받고, 안쪽이 나오면 한 푼도 못 받는다.

B　확실하게 1만 엔을 획득

그렇다면 다음의 〈문제 4〉에서는 어떨까?

〈문제 4〉

C 동전을 던져 바깥이 나오면 2만 엔을 내고, 안

쪽이 나오면 한 푼도 안 낸다.

D 확실하게 1만 엔을 지급

이들 동전 던지기 질문에서는, 〈문제 3〉에서는 B를 선택하고 〈문제 4〉에서는 C를 선택하는 사람이 많다. 어떤 선택지도 〈문제 3〉에서는 평균이득이 1만 엔이고, 〈문제 4〉에서는 평균손실이 1만 엔이다. 〈문제 3〉처럼 이득 국면(즉, 이득을 제공하는 상황)에서는 위험이 있는 선택보다 확실한 선택을 선호하는 사람이, 〈문제 4〉와 같이 손실 국면(즉, 손실 가능성이 있는 상황)에서는 위험이 큰 선택을 선호하는 경향이 있다.

〈문제 3〉에서 B를 선택한 사람은 평균적인 이득이 같다면 확실한 결과를 가져다주는 편이 만족도가 높다. 경제학에서는 이러한 선호를 갖는 사람을 '위험회피적'

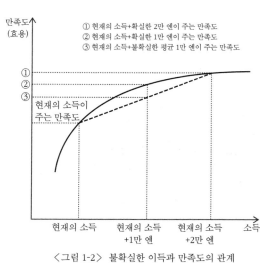

<그림 1-2> 불확실한 이득과 만족도의 관계

이라 한다. 소득과 만족도(경제학에서는 효용)의 관계를 나타낸 것이 <그림 1-2>이다.

한편 <문제 4>에서 C를 선택한 사람은 평균적인 손실이 같다면 불확실한 결과를 가져다주는 편이 만족도가 높은 것으로 된다. 이러한 선호를 갖는 사람을 '위험애호적'이라 한다. 그리고 <그림 1-3>은 위험애호가가 보이는 소득과 만족도의 관계를 나타낸다.

소득과 만족도의 관계는 <문제 3>과 <문제 4>에서

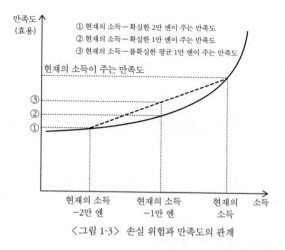

〈그림 1-3〉 손실 위험과 만족도의 관계

완전히 다른 모습으로 나타난다. 본래 소득과 만족도는 안정적인 관계를 유지함이 마땅하지만 같은 위험에 대해 이득 국면에서는 위험회피적으로 되고, 손실 국면에서는 위험애호적인 선호체계를 갖게 되는 것이다.

그렇다면 다음의 〈문제 5〉에서는 어떤 선택을 하게 될까?

〈문제 5〉는 '*만 엔 지급'과 같은 손실 표현 대신 '월급 *만 엔 받음'과 같은 이득 표현으로 바뀌었다는 차이만 있을 뿐 〈문제 4〉와 본질적으로는 동일한 구조를 지닌다. 합리적인 사람이라면 표현이야 어떻든 간에

<문제 5>

당신은 월급으로 30만 엔을 받고 있었다고 합시다.

　E　동전을 던져 바깥이 나오면 이번 달 월급으로
　　 28만 엔을 받고, 안쪽이 나오면 종전과 같이
　　 30만 엔을 받음
　F　이번 달의 월급은 확실하게 29만 엔을 받음

논리적으로 동일한 것이라면 그 표현 방식과는 관계없이 좋아하는 것을 선택하기 마련이다. 그럼에도 <문제 4>에서는 C와 같이 위험이 있는 선택지를 고른 사람이었더라도 <문제 5>에서는 F와 같이 확실한 선택지를 고르는 사람이 상당수 있다. 이때는 <그림 1-2>와 같은 선호를 갖고 있는 것이 된다.

　이와 같은 의사결정의 특성을 '손실회피'라고 하는데, 이를 설명하는 데는 <그림 1-4>가 종종 이용된다. 이 그림의 가로축은 이득과 손실을 나타내고, 원점에는 참조점reference point이라 표기되어 있다. 참조점이란 상대적 위치를 알기 위한 기준을 의미한다. 참조점의 전형

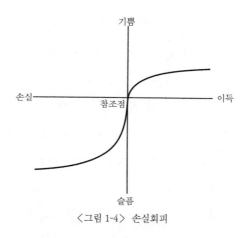

〈그림 1-4〉 손실회피

적인 예로서 현재의 소득수준이 많이 이용된다. 즉, 현
재의 소득수준을 참조점이라 하면 이 수준보다 소득이
증가하는 것이 이득이고, 이 수준보다 소득이 줄어드는
것이 손실인 셈이다. 따라서 오른쪽으로 갈수록 참조점
에 비해 소득이 많아지고, 왼쪽으로 갈수록 손실이 커
짐을 알 수 있다. 세로축은 이득이나 손실로부터 발생
하는 가치를 의미하는데, 이득이 생기면 기쁨이라는 양
(+)의 가치를 느끼고, 손실이 나면 슬픔이라는 음(-)의
가치를 느낀다. 이때도 마찬가지로 원점에서 위쪽으로
갈수록 양의 가치가 커지고, 아래쪽으로 갈수록 음의
가치가 커지게 된다.

〈그림 1-4〉는 손실회피의 의미를 이해하는 데 시각적으로도 도움이 된다. 그림에서 참조점을 지나는 S자 모양의 곡선은 가치를 나타내는데, 손실회피란 참조점의 좌우에서 이 곡선의 기울기가 크게 차이가 나는 것을 말한다. 정확하게는 이득으로 말미암아 가치가 증가하는 것보다 손실로 말미암아 가치가 감소하는 정도가 더욱 큼을 의미한다. 즉, 이득·손실과 가치의 관계를 나타내는 곡선이 원점의 좌우에서 기울기가 다른 가운데 특히 손실 국면의 기울기가 큼을 의미한다. 손실이 발생하는 경우에는 작은 손실로도 가치가 크게 떨어진다. 결국 손실회피란 이득보다 손실에 주목하여 손해 보는 것을 대단히 싫어하는 성향을 일컫는 개념이다.

이제껏 우리는 소액의 제비뽑기 상황에서 의사결정이 어떻게 이루어지는지를 살펴보았다. 하지만 잘 생각해보면 이러한 의사결정은 반드시 합리적인 것은 아니다. 왜냐하면 이러한 의사결정 실험은 우리들의 생활수준이나 자산에 비해 금액이 매우 작은 제비만을 상정하고 있는 것이기 때문이다. 이에 비해 전통경제학에서 인간은 실제 소비나 여가 수준 자체로부터 가치를 느낀다. 그렇다면 우리는 언제든 〈문제 5〉와 같은 상황에서 의사결정을 해야만 한다. 그러지 않으면 문제 상황을 어떻게 표현하든 의사결정을 바꾸지 않을 것이기 때문이다.

전망 이론에 따르면 사람들은 참조점으로부터 어느 정도 떨어져 있는가에 따라 가치를 느낀다고 한다. 참조점은 대개 현재 상황을 기준으로 정해진다. 하지만 참조점에는 자기가 구입한 가격, 자신의 과거 소득이나 소비수준, 다른 사람의 소득이나 소비수준 등 다양한 요소들이 반영될 수 있다. 동전 던지기 예에서 참조점은 동전을 던지기 이전의 소득수준이므로 우리는 참조점보다 늘어나거나 감소한 소득만큼 양 또는 음의 가치를 느끼게 된다.

사람들은 참조점을 웃도는 이득과 밑도는 손실이 금액상으로는 같다 하더라도 손실을 더욱 싫어한다. 많은 실험들은 같은 금액의 이득과 손실에 대해 후자를 2~3배 싫어한다는 결과를 보여주고 있다.

손실회피가 갖는 또 하나의 특징은 소득이 늘어나거나 손실이 늘어난 그 어떤 경우에도 늘어난 부분으로부터 받는 느낌의 정도가 작아진다는 것이다. 이러한 특성 때문에 위험에 대한 태도는 비대칭성을 띠게 된다.

즉, 이득 국면에서는 위험이 따르는 것보다 확실한 것을 선호하는 위험회피적 경향이 있음에 반해, 손실 국면에서는 확실한 것보다 위험이 있는 것을 선호하는 위험애호적 경향이 있다. 이 때문에 손실액이 확정된 안전한 선택지보다는 큰 손실이 날지도 모르지만 참조점을 유지할 수도 있는 위험한 선택지를 택하는 인간의 특성이 설명된다.

예컨대 매입가격보다 주가가 상승하는 경우에는 확실하게 이익이 보장되지만, 주가가 하락한 경우에는 손절매하기도 어려울 정도로 손실이 커지는 주식 투자 행위는 위에서 말하는 손실회피 효과로 설명될 수 있다. 또한 동료의 행동을 참조점으로 삼는 경우, 동료보다 뒤처지고 싶지 않은 '피어 효과peer effect'나 '동조 효과'도 설명되는데, 이에 대해서는 후술하기로 하자.

프레이밍 효과(framing effect)

손실회피나 확실성 효과 등을 배경으로 하여, 내용은 같지만 표현 방법이 다른 것만으로도 의사결정이 달라지는 것을 '프레이밍 효과'라고 한다.

수술을 받을 것인지 여부를 목전에 두고 다음과 같은 정보를 접했을 때 당신은 수술을 받기로 결정할 수 있을까.

A '수술 후 1개월 동안 생존할 수 있는 확률은 90%입니다.'

그렇다면 다음과 같은 정보를 접했을 때는 어떨까.

B '수술 후 1개월 동안 사망할 수 있는 확률은 10%입니다.'

이러한 질문을 환자에게 던졌을 때, A의 경우에는 약 80%가 수술을 받겠다고 대답한 반면, B의 경우에는 약 50%만이 수술을 받겠다고 대답했다는 연구가 있다. 실은 A나 B는 같은 내용의 정보임에도 불구하고, 손실을 강조하는 B의 표현 방법으로는 수술 받고 싶지 않다고 대답하는 사람들이 꽤 나온다. 즉, 사망할 수 있다는 손실이 강조되는 질문자의 프레이밍이 사람들로 하여금 손실회피 행동을 유발케 하는 것이다.

"지난번보다 시험 성적이 오르면 2,000엔 줄게"라고 말하는 것과 "2,000엔 줄 테지만 시험 성적이 지난번보다 떨어지면 도로 가져간다"고 말하는 것은 실질적으로는 내용이 같은 제안이지만, 후자는 손실을 강조하는 프레이밍 형태를 띠고 있다.

보유 효과(endowment effect)

현재 상태를 바꾸는 것이 더 바람직함에도 현재 상태를 유지하기를 바라는 경향을 '현상유지 바이어스' 또는 '현상유지 편향'이라고 한다. 현상유지 바이어스가 생기는 까닭은 현재 상태를 참조점으로 간주하여 이로부터 이탈하는 것을 손실이라고 느끼는 손실회피 때문이라고 생각할 수도 있다.

휴대전화 통신사나 전력회사를 바꾸는 것이 득이 되는데도 현재의 계약을 줄곧 유지하는 것도 계약 변경에 따르는 비용에 더해 현상유지 바이어스에 기인하는 것일지도 모른다. 회의나 수업 때 우연히 앉았던 첫자리를 다음에도 계속해서 고수하게 되는 것도 처음에 앉았던 그 자리가 참조점이 되어버림에 따른 현상유지 바이어스 때문일 수 있다.

현상유지 바이어스는 보유 효과를 이용해 설명될 수도 있다. 보유 효과란, 현재 상태를 자신이 보유하고 있다고 느끼고 현재 보유하고 있는 것의 가치를 높이 평가하는 것으로, 보유 이전의 가치를 보유 이후에 평가한 가치로 변경해버리는 특성이 있다. 예컨대 기업이 무료로 시제품을 배포하는 것은 이와 같은 보유 효과를 노린 판매 전략이라 하겠다.

카너먼 등은 머그컵을 활용한 실험에서 보유 효과를 설득력 있게 설명하고 있다. 그들은 학생들을 3개 그룹으로 나누었다. 제1그룹에는 대학 로고가 들어간 머그컵을 일단 주고, 얼마 이상의 금액에 그 컵을 팔 수 있는지 금액을 적어보라고 했다. 제2그룹에는 얼마면 그 컵을 살 것인지 물어보았고, 제3그룹에는 머그컵과 현금 중 어느 것을 선택하겠는지 금액을 다양하게 바꿔가며 물어보았다. 3개 그룹 모두에 머그컵의 가치가 얼마나 되는지 물어보는 것도 잊지 않았다. 동일한 머그컵이므로 어떤 경우에도 학생들의 대답은 거의 같을 것이라 기대되었다.

하지만 처음부터 머그컵을 받아 들고 있던 학생들은

7달러는 받아야 팔 수 있다고 했고, 머그컵을 갖고 있지 않았던 학생들에게 얼마면 그 컵을 살 것인지 물어봤던 제2그룹에서는 2달러라는 대답이 나왔으며, 머그컵인가 현금인가를 선택하게 한 학생들은 제1그룹의 절반에 해당하는 3.5달러라면 어느 쪽도 괜찮다고 대답하였다. 결국 머그컵에 대한 가치 평가는 이를 소유하기 전과 후에서 2배 차이가 났다. 이는 우리들의 선호라고 하는 것이 의외로 쉽게 변할 수 있음을 시사한다.

2. 현재바이어스

미루기 행동

비만은 갖가지 생활습관병의 원인이 된다고 한다. 40~74세 사람들에게 대사증후군metabolic syndrome과 관련된 건강검진을 권하는 것도 생활습관병을 예방하기 위함이다. 많은 사람들은 비만이 되면 장래에 건강이 악화될 가능성이 높아진다는 것을 알고 있다. 그럼에도 불구하고 비만해진 사람들이 있다.

전통경제학은 '살찐 사람은 합리적 의사결정에 의해 그렇게 된 것으로, 살찌는 것을 바란 결과일 뿐'이라 생각한다. 즉, 식사할 때 한 입 더 먹음으로써 식욕이 채워지는 기쁨과 그 때문에 장래 살이 찌는 손실을 저울질하여 전자가 후자를 상회하는 한 계속 먹다가 양자가 정확히 같아지는 지점에서 식사를 멈춘다고 생각하는 것이다. 이러한 사정에 따라 살이 쪘다고 한다면 처음부터 각오한 것이므로 결코 후회하지 않았을 것임은 물론 살을 빼고 싶다는 생각조차 안 했을 것이다. 만약 애초에 살찌고 싶지 않았다면 식사할 때 칼로리 섭취를 억제했거나 운동을 통해 칼로리 소비를 늘렸을 것이 분명하다.

그러나 실제로는 다이어트를 계획해도 오늘은 일단 식욕을 채우고 내일부터 시작하리라 생각하는 사람들이 있게 마련이다. 계획은 세우지만 이를 실행할 때가 되면 현재의 즐거움이 앞서고 계획이 미뤄져버리는 식이다. 행동경제학에서는 통상 이런 인간들의 특성을 현재바이어스라는 개념으로 이해한다.

현재바이어스가 무얼 의미하는지 실감나게 하는 질문이 다음과 같은 〈문제 6〉과 〈문제 7〉이다. 이들 문제에서는 어떤 선택지가 더 선호될 것인가.

〈문제 6〉

A 지금 1만 엔을 받음

B 일주일 후에 1만100엔을 받음

〈문제 7〉

C 1년 후에 1만 엔을 받음

D 1년 하고도 일주일 후에 1만100엔을 받음

〈문제 6〉에서는 A, 〈문제 7〉에서는 D를 선택하는 사람이 많다. 일주일 기다려 수령액이 100엔 늘어난다는 것은 일주일간의 이자율이 1%가 됨을 의미하므로 금융상품치고는 이자율이 대단히 높은 편이다. 그러나 많은 사람들은 일주일에 1%라는 고금리에도 불구하고 이를 희생하여 비록 금액은 적지만 현재 시점에서 확실하게 돈을 받을 수 있는 선택지를 고른다.

한편 〈문제 7〉의 D는 일주일간의 이자율이 1%인

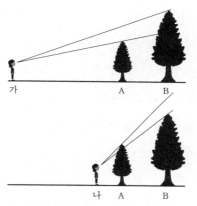

〈그림 1-5〉 멀리서 볼 때와 가까이서 볼 때의 2개 나무의 높이

점은 〈문제 6〉의 상황과 같지만, 이것을 받으려면 1년 하고도 일주일을 더 기다려야 하는 선택이다. 〈문제 7〉에서는 D를, 〈문제 6〉에서는 A를 선택한 많은 사람들은 먼 장래의 일이라면 인내심을 요하는 선택이 가능하지만, 눈앞의 일에 대해서는 마음이 조급해져 비록 이득이 적더라도 현재 손에 쥘 수 있는 것을 택한다.

이는 높이가 다른 2개의 나무를 멀리서 볼 때와 가까이서 볼 때 각각의 나무의 높이가 달라 보이는 것과 유사하다. 〈그림 1-5〉의 위쪽 그림은 '가'와 같이 먼 지점에서 나무를 바라보는 경우인데, 이때는 더 멀리 있는 키가 큰 나무 B가 가까이 있는 키 작은 나무 A보다 훨씬 높아 보인다. 한편 아래쪽 그림은 '나'와 같이 가까운 지점에서 나무를 바라보는 경우로, 이때는 바로 눈앞에 있는 키가 작은 나무 A가 이보다도 뒤에 서 있는 키 큰 나무 B보다도 높아 보인다.

이처럼 먼 장래의 일이라면 키가 더 큰 나무가 높아 보이는 것과 같이 조금이라도 큰 금액의 선택지를 고를 수 있지만, 가까운 미래의 일인 경우에는 금액이 적어도 곧바로 손에 넣을 수 있는 선택지가 매력적인 것이 된다.

먼 장래에 다이어트를 시작한다고 하면, 이를 통해 얻어지는 장래 건강의 가치는 크게 느껴진다. 하지만 지금 다이어트를 시작한다고 하면, 장래 건강의 가치보다 현재의 즐거운 식사를 통해 얻어지는 가치가 커진다.

이와 같은 현재바이어스는 다양한 장면에서 관찰될 수 있다. 예컨대 초등학생이나 중학생 시절의 여름방학을 떠올리게 하면서 방학 숙제를 언제 했는지 물어보면 많은 사람들은 방학이 끝나갈 무렵이었다고 대답한다. 그렇지만 여름방학이 시작되기 전에 언제 방학 숙제를 할 예정이었는지 물어보면 이번에는 많은 사람들이 여름방학 초반에 할 예정이었다고 답한다. 이 역시 현재 바이어스로부터 생기는 미루기 행동이라고 해석될 수 있다. 시간이 경과한 것 말고는 다른 환경이 변하지 않았음에도 선택이 바뀌어버리는 것을 '시간비정합적 의사결정'[4]이라고 한다.

커미트먼트[5] 수단의 이용

여러 연구에 따르면 현재바이어스의 속성을 지니는 사람이 많다. 하지만 그들 모두가 미루기 행동을 하고 있는 것은 아니다. 그들 가운데 상당수는 일을 미루지 않도록 사전에 스스로 자신의 미래 행동에 제약을 걸어두는 '커미트먼트' 수단을 이용하고 있다. 예컨대 노후를 위해 계획적으로 저축을 하는 경우, 월급에서 자동

---

4) 어느 시점에서는 적합한 것으로 보였던 행동이 다른 시점(예컨대 미래)에서는 적합하지 않은 행동으로 나타나는 현상을 말한다. 역도 성립한다. 즉, 어느 시점에서는 부적합한 것으로 보였던 행동이 다른 시점에서는 적합한 것으로 나타나는 현상이다. 의사결정의 시간비일관성 또는 시간비일관성time inconsistency이라 표현되기도 한다.

5) 영어로 commitment에 해당하는 이 단어는 사전에는 약속, 완전한 몰두, 헌신, 책무 등으로 번역되어 있지만, 이들 어느 것도 여기서는 적합하지 않은 것 같다. 커미트먼트의 정확한 의미는 어떤 계약을 이행하기로 약속하거나 스스로를 구속하는 것을 말하는데, 여기서는 원서 그대로 커미트먼트라 표기하기로 하자. 참고로 다음 장 제2장에서는 commitment가 확약確約으로 번역되어 있기도 하다.

이체되도록 하되 수시 인출이 곤란한 장기예금 계좌를 이용하는 것도 커미트먼트에 해당한다. 또한 금연이나 다이어트를 하겠다고 주위 사람들에게 선언하는 것, 담배나 스낵 과자를 사두지 않는 것도 마찬가지다.

커미트먼트가 현재바이어스에 기초한 미루기 행동을 줄이는 데 효과가 있음을 보이는 실험이 있다. 연구자들은 실험 참가자들에게 최소 이틀 이상 시차를 두게 하고 리스트에서 고른 세 가지 서로 다른 영화를 보게 하는 실험을 하였다. 리스트에 있는 영화는 두 종류의 그룹으로 구성되어 있는데, 하나는 《쉰들러 리스트》와 같은 교양영화이고, 다른 하나는 《스피드》와 같은 오락영화였다.

실험 참가자의 한 그룹에는 매일 그날 볼 영화를 고르게 하였고, 다른 한 그룹에는 첫째 날에 사흘간 볼 영화를 한꺼번에 고르게 하였다. 그 결과 어떤 그룹에서도 첫째 날에 교양영화를 본 비율은 40%를 약간 넘는 정도에 그쳤다. 매일 그날 볼 영화를 고르게 한 그룹에서는 교양영화를 본 비율이 사흘간 변하지 않았다. 그러나 첫째 날에 사흘 동안 볼 영화를 한꺼번에 고르게 한 그룹에서는 이틀째에 63%, 사흘째에 71%의 비율로 교양영화를 골랐다. 결국 실험 참가자의 다수는 언젠가는 교양영화를 보고 싶다고 생각은 했지만 그 언젠가가 오늘은 아니라고 생각하고 있었던 것이다. 현재바이어스의 전형적인 사례이다. 이 실험은 장래에 보고 싶다고 생각하고 있는 것을 오늘 실현하기 위해서는 오늘 시점에 장래의 선택을 커미트시켜 변경할 수 없도록 하면 됨을 보여주는 것이다.

또한 마감일을 상세하게 설정하는 것이 현재바이어스로부터 발생하는 미루기를 억제하는 데 효과가 있다고 하는 실험도 있다. 연구자들은 학생들에게 원고의 오타를 수정하는 작업을 시키면서 3장 분량을 3주 이내에 제출하도록 하는 과제를 주었다. 수정할 곳을 발견하여 한 군데 수정할 때마다 10센트씩 받지만, 마감일을 못 맞춰 제출이 늦어질 경우에는 하루에 1달러씩 벌금을 내도록 하였다. 마감일로는 세 가지 종류가 임의로 주어졌다.

첫 번째 타입은 3주 후에 3장 전부를 제출하는 것이고, 두 번째 타입은 일주일마다 1장씩 제출하는 것이며, 세 번째 타입은 마감일을 스스로 설정하는 것이다. 실험 결과, 일주일 단위로 마감일을 부여받은 그룹이 수

정할 곳을 가장 많이 발견했고 마감일을 넘기는 일도 적어 가장 많은 상금을 획득했다. 그다음으로 성적이 좋았던 곳은 스스로 마감일을 설정한 그룹이었고, 성적이 가장 나빴던 곳은 3주 후에 3장 전부를 제출하라고 한 그룹이었다.

3주 후에 3장 전부를 제출하게 한 그룹은 마감 마지막 날까지 교정작업을 미루다 황급하게 3장 전부를 수정하느라 작업의 질이 떨어져버렸다. 일주일 단위로 마감일을 설정하여 1장씩 제출하게 한 그룹은 작업을 미뤘다 해도 (중간) 제출 기한이 일주일인 데다 분량도 1장밖에 안 돼 작업의 질을 높게 유지할 수 있었다고 생각된다. 스스로 마감일을 정하라고 한 그룹에는 자신이 작업을 미룰 가능성이 있다고 생각하는 사람과 그렇지 않은 사람이 혼재하여 마감일 설정 방식이 달랐기 때문에 상기 두 그룹의 중간에 해당하는 결과가 나왔다.

이처럼 마감일을 엄격하게 설정하거나 마감일을 지키지 못할 경우 벌칙을 받도록 해두는 것이 커미트먼트 수단인바, 이를 통해 현재바이어스에 의한 미루기를 억제할 수 있는 것이다. 그러나 커미트먼트 수단을 사용한다고 해서 반드시 좋은 결과가 나오는 것은 결코 아니다. 커미트먼트 수준이 지나치게 엄격할 경우에는 이를 지키지 못할 것이 염려되어 애초에 커미트먼트 수단을 사용하지 않고 목표 달성 자체를 포기해버릴 가능성이 있기 때문이다. 또한 목표를 달성하지 못할 경우에 적용할 벌칙을 스스로 설정해놓아도, 오히려 벌을 주는 쪽이 이를 실행하는 데 저항감을 가져 벌칙을 철회할 수도 있다. 이럴 가능성이 예상된다면 커미트먼트 자체가 의미를 상실해버린다.

예컨대 남편은 스스로 약속을 지키지 못할 경우 아내로부터 벌을 받겠다는 데 커미트했다고 하자. 하지만 아내는 벌을 주는 데 주저할지도 모른다. 남편이 처음부터 아내의 이와 같은 행동을 예상했다고 하면, 이 벌은 커미트먼트 수단이 되지 못한다. 이런 사태를 방지하기 위해서는, 약속이 지켜지지 않을 경우 자동적으로 커미트먼트가 실행되도록 해둘 필요가 있다.

커미트먼트 수단은 현재바이어스를 가지고 있는 사람이 장래 언젠가는 미루기 행동을 해버릴 것이라 스스로 알고 있는 경우에는 유효한 선택이 된다. 행동경제학에서는 이처럼 자신에게 현재바이어스가 있음을 자각하여 커미트먼트 수단을 통해 현재바이어스를 억제하는 사람을 '현명한 사람'이라 일컫는다. 이에 반해 현재바이어스가 있음에도 자신에게는 현재바이어스가 없다고 생각하는 사람을 '단순한 사람'이라 한다. 단순한 사람은 미루기 행동을 하기 일쑤여서, 원대한 계획을 세울 수는 있으나 정작 계획을 실행에 옮겨야 할 시점에 가서는 그 계획을 쓸모없는 것으로 만들든지 미뤄버려 결과적으로는 근시안적인 행동을 한다.

3. 호혜성과 이타성

사회적 선호

전통경제학은 주로 자신의 물적·금전적 이득만을 선호하는 이기적 개인을 상정해왔다. 이에 대해 행동경제학은 자신의 물적·금전적 이득을 선호할 뿐만 아니라 타인의 물적·금전적 이득에 대해서도 관심을 갖는 인간을 상정한다. 행동경제학에서는 이러한 선호를 '사회적 선호'라 한다.

사회적 선호에는 타인의 이득으로부터 효용을 얻는

이타성, 친절한 행동에 대해 친절한 행동으로 되갚는 호혜성, 불평등한 분배를 싫어하는 불평등회피 등이 있다. 행동경제학은 수많은 실험 결과를 설명하기 위해 이들 선호를 연구 대상으로 삼게 된 것이다.

예컨대 독재자 게임이라 불리는 실험은 연구자 사이에서 잘 알려져 있다. 이 게임은 일정 금액(가령 1,000엔)을 수취한 사람에게 "받은 돈의 일부를 누군가에게 기부한다면 얼마를 생각하나"고 질문하여 기부받는 실험이다. 이기적인 사람이라면 한 푼도 기부하지 않을 수 있다. 그런데 많은 실험 결과, 일정 비율의 사람들은 독재자 게임에서도 일부를 기부하는 것으로 나타났다.

행동경제학에서는 어떻게 이런 결과가 나오는지를 설명하기 위해 사람들이 뭔가 사회적 선호를 가지고 있다고 본다. 타인의 만족도가 높아지면 자신도 행복해진다고 하는 이타성이 한 가지 예이다. 이타성에는 두 가지 타입이 있다. 하나는 '순수한 이타성'이라 불리는 것이고, 다른 하나는 '온정주의[6]'라 불리는 것이다. 순수한 이타성이란 타인의 행복도가 높아지는 것이 자신

---

6) 원서에는 웜-글로warm-glow(따뜻한 빛)로 쓰여 있다. 웜-글로는 위키피디아 사전에 emotional reward of giving to others나 sense of joy and satisfaction for 'doing their part' to help others 등으로 표현되어 있다.

의 행복도를 높이는 것을 말한다.

　한편 온정주의는 타인을 위한 행동이나 기부액 자체로부터 행복감을 느끼는 것을 의미한다. 가난한 사람을 돕고 있는 비영리단체(NPO)에 1만 엔을 기부하고자 하는 경우를 생각해보자. 이때 당신이 NPO에 1만 엔을 기부하면 당신은 그 금액만큼을 정부로부터 보조받고, 이 NPO에는 그보다 두 배 많은 2만 엔의 기부금이 주어짐을 알고 있다. 그럼에도 당신은 처음에 마음먹었던 대로 1만 엔을 기부할까? 아니면 NPO가 1만 엔을 받으면 되니 기부액을 5,000엔으로 줄일 것인가, 아니면 어차피 정부로부터 보조금을 받을 테니 1만 엔 이상 기부할 것인가? 정부로부터 보조가 있든 없든 기부액을 바꾸지 않는 것은 당신이 기부하는 것 자체로부터 기쁨을 느끼고 있다는 의미에서 온정주의에 해당한다.

호혜성

　타인의 친절에 대해 친절로 되갚는 성향을 호혜성이라 한다. 은혜를 베풀어준 사람에게 직접 보은報恩하는 것을 '직접 호혜성'이라 하고, 다른 사람에게 은혜를 갚는 것을 '간접 호혜성'이라 부른다. 많은 사람들은 이와 같은 호혜성을 지니고 있다. 증여를 통해 사람들의 의욕을 끄집어내는 것은 호혜성을 이용하는 것이라 할 수 있다.

회사가 종업원에게 다른 기업들이 주는 것보다 높은 임금을 지급하면, 이들 종업원은 경영자로부터 증여를 받았다고 생각해 그만큼 열심히 일할 것이다. 이런 발상은 이미 경제학에서는 익히 알려져 있다. 슈퍼마켓에서 시식을 하면서 그 식품을 사지 않으면 왠지 나쁜 사람이 된 듯한 느낌을 받는 것도 마찬가지다. 환자는 담당의사가 통상적으로 수행하는 직무 이상으로 자신에게 친절하다고 느낄 때, 의사의 기대에 부응하기 위해 더욱 적극적으로 건강에 신경을 쓸 가능성이 있다.

반대로 음(-)의 호혜성도 존재한다. 다른 사람이 자신에게 손해를 입혔을 때, 비록 자신에게는 득이 되지 않음에도 보복하거나 벌을 주는 경우가 그렇다. 이를 전형적으로 보여주는 경제학 실험이 최후통첩 게임이다. 최후통첩 게임은 예컨대 1만 엔을 받은 A 씨에게 "그 돈을 일면부지의 B 씨와 어떻게 분배할지 제안해주세요. 만약 B 씨가 그 제안을 받아들이면 두 사람은 돈을 가질 수 있지만, B 씨가 제안을 거부하면 두 사람 모두 돈을 가질 수 없어요"라고 하는 것과 같다.

만약 A 씨가 자신의 것만 생각하는 이기적 인간인데 B 씨도 자신과 마찬가지로 이기적이라는 것을 알고 있다면, A 씨의 제안은 '내가 9,999엔, B 씨가 1엔'과 같은 분배가 될 것이다. B 씨로서는 그 제안을 거부하여 한 푼도 못 받는 것보다는 1엔이라도 받는 편이 만족도가 높다. 따라서 B 씨는 분명 그 제안을 수락할 것이다. 이렇게 생각하는 A 씨는 B 씨에게 1엔만을 분배하는 제안을 하게 되고, B 씨는 실제로 이를 수락하게 된다.

그러나 많은 실험 결과에 따르면, A 씨 입장에 있었던 실험 참가자는 자신 70%, 상대방 30% 정도의 분배를 제안하고, B 씨 입장에 있었던 실험 참가자는 자신에게 돌아오는 몫이 30% 미만일 경우 제안을 거부하는 것으로 나타났다.

더욱이 소득 분배가 불평등한 것 자체를 싫어하는 '불평등회피' 특성도 관찰된다. 이는 자신의 소득이 높은 것은 바람직하지만 다른 사람보다 높거나 낮을 경우 자신의 만족도가 떨어져버리는 경향이 있음을 말한다. 불평등회피에도 우위의 불평등회피와 열위의 불평등회피가 있다. 우위의 불평등회피란 자신만이 다른 사람보다 혜택을 많이 받고 있거나 다른 사람이 자신보다 혜택을 적게 받고 있는 경우에 슬픈 기분이 드는 것을 의미한다. 이런 경우 혜택을 적게 받고 있는 사람에게 소득을 재분배하여 소득 격차를 줄이고 싶은 감정을 갖는다. 반대로 자신보다도 소득이 높은 사람이 있어 기분이 나빠진다고 하면, 그는 열위의 불평등회피 성향을 갖고 있는 게 된다. 현실에는 아마도 우위의 불평등회피보다 열위의 불평등회피 성향을 갖는 사람이 많지 않을까 싶다.

4. 휴리스틱스

지름길을 이용하는 의사결정

전통경제학은 사람들이 취득한 정보를 최대한 활용하여 합리적으로 추론하고, 이에 기초해 의사결정을 한다고 생각해왔다. 그렇기는 하지만, 우리들은 이런 생각 저런 생각을 하며 의사결정을 하느라 비용이 들어 실제로는 직관적으로 판단하는 일도 많다. 그 때문에 합리적인 의사결정에 비해 계통적으로 편향된 의사결정을 한다고 알려져 있다.

의사결정에 이렇듯 사고비용思考費用이 든다면 처음부터 비용이 드는 것을 감안하여 의사결정을 하면 좋지 않을까 하고 생각하는 사람도 있을 것이다. 하지만 사고비용이 드는 것을 전제로 하여 의사결정을 한다면 바로 그 때문에 더 큰 비용이 들어버린다. 즉, 사고비용이 들거나 계산 능력에 한계가 있음을 전제로 합리적 의사결정을 생각하는 것은 꽤 어렵다. 바로 이때 '휴리스틱스'라고 하는 직관적 의사결정을 이용하는 것이다. 휴리스틱스란 지름길을 이용하는 의사결정을 의미하는 것으로, 정확하게 계산하거나 정보를 모아 합리적인 의사결정을 행하는 것과 대조적인 의사결정 방법이다. 휴리스틱스에는 다양한 방법이 있다. 그중 몇 가지만 소개해보자.

휴리스틱스의 예로는, 논리적으로는 같은 내용이더라도 이를 전달하는 표현 방법의 차이 때문에 의사결정이 달라지는 프레이밍 효과, 직관적 의사결정에 따라 의사결정이 계통적으로 편향됨을 나타내는 협의의 휴리스틱스, 의사결정을 할 때 그 범위를 좁게 잡거나 규격화[7]하여 생각하는 멘털 어카운팅[8] 등이 대표적이다. 인간의 계산 능력 등에 한계가 있음을 의미하는 한정합리성限定合理性(bounded rationality) 때문에 사용되는 휴리스틱의 예로는 매몰비용sunk cost의 오류, 의지 또는 의지력[9], 선택과잉 부하負荷, 정보과잉 부하, 평균에의 회귀, 멘털 어카운팅, 이용가능성 휴리스틱availability heuristic, 대표성 휴리스틱representativeness heuristic, 앵커 효과, 극단 회피성, 동조 효과, 프로젝션 바이어스가 있다. 이하에서는 이들 각각에 대해 아주 간략하게 소개하기로 하자.

---

7) 원서에는 '좁게 잡거나 규격화' 대신 '좁게(브래키팅)'로만 표기하고 있다. 브래키팅, 즉 bracketing이란 인문학(특히 언어철학)에서는 종종 불확실하거나 복잡한 상황에 대해 괄호를 쳐 판단을 유보하거나 단순화하는 것을 의미한다. 사진 촬영 기법에도 브래키팅이란 것이 있는데, 적정 노출값을 중심으로 한 단계 높은 노출값과 한 단계 낮은 노출값으로 사진을 단순화·규격화하여 원하는 의사결정(즉, 사진 선택)을 돕는 것을 말한다.

8) mental accounting이란 경제적 의사결정을 할 때 마음속에 있는 회계accounting 장부를 이용해 주관적으로 이득과 손실을 계산하는 것을 의미한다.

9) 원서에는 의사력意思力으로 표기되어 있으나, 문맥상 의지 또는 의지력으로 번역하는 것이 좋을 듯하다.

매몰비용의 오류

합리적 의사결정을 하지 못하게 되는 예로서 가장 잘 알려져 있는 것이 매몰비용에 대한 대응이다. 이미 지급해버려 회수할 수 없는 비용을 경제학에서는 매몰비용이라 한다. 이와 관련하여 다음과 같은 상황을 생각해보자.

당신은 7만 엔짜리 홋카이도 여행상품을 발견하고는 즉시 구입했다. 그리고 다른 날 5만 엔짜리 오키나와 여행상품이 나와 이것도 기분 좋게 구입했다. 하지만 며칠 후 홋카이도 여행상품과 오키나와 여행상품의 출발일이 같다는 사실을 알게 되었다. 두 여행상품은 폭탄세일 상품이어서 이미 완판되었고 이제는 취소해도 환불받기가 어렵다. 당신은 홋카이도보다 오키나와를 가고 싶어 했다. 이 경우 당신의 취사선택은 어떻게 될까?

애당초 오키나와 여행을 하고 싶었음에도 홋카이도 여행상품을 사는 데 들어간 7만 엔이 아까워 홋카이도 여행을 선택하는 사람이 있지는 않을까. 그러나 홋카이도 여행을 가려고 지급한 7만 엔도, 오키나와 여행을 가려고 치른 5만 엔도 앞으로 어디로 여행갈지를 선택하는 것과 관계없이 환불되지 않는다. 즉, 이들 비용은 매몰된 것이다. 그렇다면 이미 지급해버린 것은 잊고 자신에게 만족도가 높은 여행지를 고르는 것이 좋다. 이렇듯 돌려받을 수 없는 매몰비용을 회수하겠다고 하는 의사결정을 '매몰비용의 오류'라 한다.

슈퍼마켓에서는 폐점시간이 다가올수록 생선이나 채소 가격이 크게 할인된다. 이런 할인세일로 판매가격이 매입 원가보다 낮아지는 일이 있다. 슈퍼마켓은 언뜻 보면 손해를 보고 있는 듯이 보인다. 하지만 생선과 같은 신선식품의 매입 원가는 매몰비용이어서 슈퍼마켓은 높은 매입 원가를 고집하다 팔지 못해 폐기 처분하는 것과 매입 원가보다 낮은 가격에라도 팔아버리는 것 가운데 어느 편이 이익이 큰지 의사결정을 하고 있는 것이다.

의지력

정신적 또는 육체적으로 피로할 때 인간의 의사결정 능력은 저하된다고 알려져 있다. 예를 들어 개발도상국의 농가에서는 수확 후 작물을 팔아 소득을 올린 시기

의 지적 능력이, 소득이 가장 적은 수확 전 시기의 지적
능력보다 높다는 연구가 있다.

이 연구는 사람들이 금전적으로 혜택을 받고 있지 못
한 상황에 있으면, 일상적 활동에 많은 의지력을 사용
해버린 나머지 다른 일에 사용할 지적 의사결정 능력이
저하됨을 시사하고 있다.

특정 시간에는 한정된 의사결정 능력밖에 갖고 있지
못하기 때문에, 저하된 의사결정 능력을 정기적으로 회
복시킬 필요가 있다.

이는 정신적·육체적으로 피로해지는 일이 많은 사람
들에게 특히 중요하다. 금전적으로 어려운 상황에 처해
있는 사람은 하루하루를 어떻게 지탱해낼 것인가에 의
지력을 소진하고 있을 것이다. 해야 할 일이 너무나 많
아 바쁜 사람도 일하는 데에만 의지력을 써버리고 있을
지 모른다.

의료 현장에 가보면 정신적·육체적으로 피로가 쌓여
있는 환자가 많기 때문에, 의사들은 이들의 의사결정
능력이 저하되어 있다는 점을 고려하여 의사결정을 할
필요가 있다.

선택과잉 부하와 정보과잉 부하

선택지가 많을 때, 무엇을 선택할까 고민이 되어 결국 아무런 의사결정도 못 하는 경우가 있다. 즉, 선택지가 과다할 경우에는 선택하는 것 자체가 어려워지는데 이를 '선택과잉 부하'라 한다. 이때는 선택지를 줄이는 것이 선택하는 행동을 촉진하는 데 도움이 되는 경향이 있다.

이와 유사한 개념으로, 정보가 너무 많을 경우 정보를 제대로 평가하지 못해 올바른 의사결정이 이뤄지지 않는 '정보과잉 부하'가 있다. 지나치게 정보가 많아 좋은 의사결정을 하지 못하는 경우에는 중요한 정보를 알기 쉽게 제시하도록 유념할 필요가 있다.

평균에의 회귀

랜덤random한 요인으로 숫자가 변동하고 있는 경우[10], 평균치로부터 극단적으로 괴리된 숫자가 출현한 다음에 나오는 숫자는 평균적으로 그 전에 나왔던 숫자들

---

10) 통계학에서는 이것을, 즉 랜덤한 요인으로 변하는 숫자를 확률변수random variable라 한다.

과 크게 다르지 않다. 이는 극단적인 숫자가 나올 확률보다 평균치에 가까운 숫자가 나올 확률이 항상 높다고 하는 '평균에의 회귀' 또는 '평균회귀'라 불리는 통계적 현상을 말한다.

현실에서는 이를 두고, 평균치보다 큰 숫자가 나오면 다음에는 이보다 작은 숫자가 나온다고 마치 인과관계가 있는 것처럼 오해하기 일쑤다. 가령 건강 상태가 랜덤하게 변하는 것이라고 하면, 건강은 극단적으로 악화된 후 평균적인 상태로 되돌아올 가능성이 본래 높은 것이다. 하지만 이를 인과관계로 해석하면 오해가 생길 수 있다. 예컨대 건강 상태가 악화되었을 때 민간요법으로 치료하여 건강을 회복하는 경우가 있는데, 이런 경우에는 민간요법이 효과적이라고 믿기 쉽다. 사실 그 치료에는 효과가 없었다고 해도 말이다.

일에 실패했을 때 부하 직원을 질책하는 것이 잘했을 때 칭찬하는 것보다 그의 성장에 도움이 된다고 생각하는 것도 평균회귀를 인과관계로 오해하고 있는 또 다른 사례이다. 아이를 기를 때에도 잘한 것을 칭찬하기보다 잘못한 것을 질책하는 것이 효과가 있다고 생각하거나, 학교 클럽활동에서 체벌이 유효하다고 생각하는 것도 마찬가지이다. 실패했을 때 질책하면 다음에는 성과가 나온다고 하는 것은 어디까지나 인과관계가 아니라 평균회귀 현상이 관찰될 뿐인 경우가 많다.

멘털 어카운팅

영화를 보려고 극장에 갔는데 예매해두었던 1,500엔짜리 영화 티켓을 제시하려다 보니 그제야 티켓을 분실했다는 사실을 알게 되었다고 하자. 이때 영화 티켓을 다시 구입할 것인가? 그렇다면 다음의 경우는 어떤가. 영화를 보려고 극장에 갔는데 지갑에 있어야 할 1,500엔을 어디선가 떨어뜨렸다는 사실을 알아차렸다고 하자. 이때 영화 티켓을 살 것인가? 전자의 경우에는 티켓을 다시 사지 않지만, 후자의 경우에는 티켓을 사려는 사람도 있을 것이다. 어느 경우이든 1,500엔이란 동일한 금액을 잃어버렸음에도 티켓을 구입할지 여부가 달라진다.

전자는 영화 티켓값으로 지급한 것을, 후자는 꼭 영화 관람비로 정해져 있지는 않은 것을 분실한 것이 원인이 된다. 같은 1,500엔이라도 심리적인 계산은 다른 것이다.

우리들에게는 일을 해서 번 돈이나 복권에 당첨되어 생긴 돈이 모두 같은 돈이지만 취득한 방법에 따라 그 돈의 사용법을 달리하는 경향이 있다. 또한 돈을 식비나 오락비 등의 용도로 나눠 관리하고 있었는데, 갑자기 예상치 않은 일이 생겨 용도 전체를 변경하는 것이 바람직함에도 처음에 정해놓은 회계 범위에서 의사결정을 하는 경향도 있다.

하루 단위의 수입·지출 계획을 세우고 있는 경우에도 마찬가지 일이 벌어진다. 즉, 하루보다 긴 기간의 수입·지출 계획을 마련해두는 것이 바람직한데도 하루하루의 수입·지출 계획만을 목표로 삼아버리는 것이다. 이와 같은 특징을 '멘털 어카운팅'이라 한다.

이용가능성 휴리스틱과 대표성 휴리스틱

우리들은 정확한 정보를 얻을 수 없거나 그런 정보를 이용하지 않고, 주변에서 쉽게 얻어지는 정보나 즉흥적으로 떠오르는 지식을 기초로 의사결정을 하는 경우가 있다. 이를 '이용가능성 휴리스틱'이라 한다. 예컨대 의사가 제시하는 의학 정보 대신 지인이 소개하는 약품이나 치료법을 믿는 경우이다.

한편 통계적 추론을 이용하여 합리적으로 의사결정을 하지 않고 비슷한 속성만을 근거로 사물을 판단하는 경우도 있다. 이를 '대표성 휴리스틱'이라 한다.

예컨대 "학창 시절에 학생운동을 한 여성이 현재 종사하고 있는 직업은 '은행원'과 '페미니스트 은행원' 중 어떤 것일 가능성이 높을까?"라는 질문에 "페미니스트 은행원"이라고 대답하는 경우이다. 당연히 페미니스트 은행원은 은행원에 포함된다. 은행원이 되는 확률이 페미니스트로 한정된 은행원이 되는 확률보다도 높은 것은 명백하다. 그러나 학생운동이라는 말로부터 페미니스트를 연상하고, 이를 포함하는 선택지를 골라버리는 것이다.

앵커 효과

완전히 무의미한 숫자라도 최초에 주어져 있는 숫자가 부지불식간에 참조점으로 활용되어 의사결정을 좌우해버리는 경우가 있다. 이를 '앵커 효과' 또는 '앵커링 효과[11](계류 효과)'라 부른다. 9×8×7×6×5×4×3×2×1과 1×2×3×4×5×6×7×8×9라는 수식에서 전자가 후자보다 더 크다고 판단되기 쉽다. 이는 최초의 숫자에 의해 우리들의 의사결정이 좌우되기 때문이다. 고급 브랜드 매장의 진열대에 최고급품이 전시되어 높은 가격이 매겨져 있으면 소비자는 그 가격에 앵커링되어 매장 안에 있는 다른 상품의 가격이 싸다고 느낀다.

극단 회피성

같은 종류의 상품의 가격이나 품질이 상, 중, 하의 세 가지로 분류된 경우 많은 사람들은 극단에 있는 것을 고르지 않고 한가운데에 있는 것을 고르는 경향이 있다. 이것이 '극단 회피성'이라 불리는 우리들의 특성이다. 절대적인 기준으로 평가하기 어려운 경우에 참조점을 기준으로 하는 것과 마찬가지로 양 극단의 것이 아니면 적절하다고 판단하는 것이다.

---

11) 앵커링 효과 즉, 계류 효과繫留效果란 배가 닻(앵커)을 내리면 움직이지 않는 것과 같이 최초에 제시된 것이 하나의 선입관으로 작용하여 의사결정에 영향을 주는 것을 말한다.

사회규범과 동조 효과

우리는 동료나 이웃의 행동을 보고 의사결정을 하는 경향이 있다. 이런 경향이 나타나는 것은 다수파의 행동에 보조를 맞추면 안심이 되기도 하고, 많은 사람과 같은 행동을 무의식적으로 취하고 있기 때문이기도 하다. 또한 이는 동료나 이웃의 행동에 참조점을 설정해 두고 있기 때문이기도 하다. 참조점이 동료의 과업량이라 할 때, 동료보다 자신의 과업량이 적으면 손실감을 갖기 때문에 적어도 동료를 따라갈 만큼 분발하는 것이다.

다수파의 행동에 동조하려는 것도 이렇게 하는 것이 사회규범으로 작용하여 사회규범을 참조점으로 하는 행동으로 이어지게 된다.

프로젝션 바이어스

현재의 상황을 미래에 과도하게 투영한 나머지 미래를 정확하게 예측하지 못하는 편향을 '프로젝션 바이어스(투영 바이어스)'라 한다. 배가 부를 때 슈퍼마켓에 저녁 찬거리를 사러 가면 아무래도 적은 양을 사게 되

고, 배가 고플 때 장을 보러 가면 지나치게 많이 사게
된다. 장을 보고 있을 때 배가 고픈지 여부는 실은 저
녁 식사 때 배가 고픈지 여부와는 관계가 없음에도 불
구하고, 현재 상황을 미래 상황에 그대로 끼워 맞춰버
리는 것이다.

제2장
넛지란 무엇인가

1. 넛지 만들기

팔꿈치로 가볍게 툭 치다

앞에서 소개한 바와 같이 우리들의 의사결정에는 다양한 바이어스 또는 편향이 존재한다. '넛지'는 행동경제학적 특성을 활용하여 이와 같이 왜곡된 의사결정을 좀 더 좋은 것으로 바꾸고자 하는 발상 또는 일련의 사고 실험이다.

넛지nudge는 '팔꿈치로 가볍게 툭 치다[1]'라는 뜻의 영어 단어다. 노벨 경제학상 수상자인 리처드 세일러 Richard H. Thaler는 넛지를 '선택을 못 하게 하거나 경제적 인센티브를 크게 바꾸지 않고도 사람들의 행동을 예측 가능한 형태로 바꾸는 선택 설계(아키텍처)의 제반 요소를 의미한다'고 정의한다.

일반적으로 사람들의 행동을 바꾸려 할 때에는 법·제도적 벌칙 규정을 두어 특정 행동을 제한·금지함으로써

---

1) 네이버 지식백과 등을 찾아보면 넛지는 팔꿈치로 옆구리를 툭 치는 듯한 부드러운 권유로 타인의 바른 선택을 돕는 것을 말한다. 더 나은 선택을 하도록 유도하지만 유연하고 비강제적으로 접근하여 선택의 자유를 침해하지 않는다는 자유주의적 개입주의libertarian paternalism에 바탕하고 있다.

선택의 자유 자체를 빼앗든지, 세금이나 보조금과 같은 금전적 인센티브를 사용하는 경우가 많다. 또 다른 하나의 수단은 교육을 통해 사람들의 가치관 자체를 바꾸는 것이다. 그러나 교육을 통한 가치관의 형성은 단기적으로 효과가 나타날 것으로 크게 기대하기는 어렵기 때문에 의무교육 연령의 아이들에게는 유효한 수단일지 모르지만 그 이외의 연령층에게는 꼭 그렇지만도 않다.

행동경제학적 수단을 이용하여 선택의 자유를 보장하면서도 금전적 인센티브 없이 사람들의 행동을 변화시킬 수 있는 것이 넛지이다. 물론 정책적으로도 이러한 변화를 유도할 수는 있을 것이다. 하지만 큰 비용을 들이지 않고서는 변화를 유도하는 것이 곤란하다면 이러한 정책적 유도는 넛지에 해당하지 않는다. 넛지는 명령이 아니기 때문이다. 예를 들어 카페테리아에서 과일을 눈높이까지 쌓아두고 과일 섭취를 촉진하는 것은 넛지에 해당하지만, 건강을 촉진하기 위해 카페테리아에 정크푸드를 진열하지 못하도록 하는 것은 넛지가 아니다.

전술한 바와 같이 넛지는 행동경제학 지식을 이용하

여 사람들의 행동을 좀 더 좋은 방향으로 유도하는 것
이다. 한편 행동경제학 지식을 이용하여 사람들의 행동
을 자신의 사리사욕을 채우는 데 쓰거나 좋지 않은 방
향으로 유도하는 것은 넛지가 아니라 슬러지sludge라
불린다.

슬러지란 원래 공장폐수나 산업폐기물 등의 오염물
질이 섞인 진흙을 의미하는 영어 단어다.

예컨대 인터넷으로 물건을 구입하려 할 때 팝업 창에
뜬 광고 메일을 먼저 클릭하지 않고는 그 메일을 해제
하기 어려운 경우가 있는데, 이는 넛지가 아니라 슬러
지이다. 상품을 구입하면 할인받을 수 있다고 광고하면
서 영수증이나 상품번호를 서류에 기재하여 우송할 필
요가 있다고 부언하는 것도 슬러지이다. 또한 사회보장
상품의 수급 절차가 필요 이상으로 귀찮게 되어 있는
것도 슬러지에 해당한다.

행동의 특성을 생각한다

넛지를 제대로 설계할 수 있다면 우리는 좀 더 바람
직한 의사결정을 할 수가 있다. 현재바이어스로 말미암

아 일을 미루는 경향이 있는 사람이라면 미루는 것 자체를 귀찮게 하는 넛지를 만들면 된다. 일과시간 중에 게으름을 피워 야근을 밥 먹듯 하는 사람에게는 야간 근무를 원칙적으로 금지하고 이른 아침(조조[早朝]) 근무를 선택하도록 하는 것도 하나의 대안이다. 잔업을 할 수 있도록 선택의 자유를 보장하되 이른 아침에 잔업을 하도록 성가시게 하여 미루기 행동을 억제할 수 있는 것이다.

어떻게 하면 좋은 넛지를 설계할 수 있을까. 이와 관련하여 경제협력개발기구OECD나 영국 정부의 행동통찰팀Behavioral Insights Team[2]이 넛지 설계 프로세스를 제안하고 있는데, 이들은 모두 기본적으로 동일한 구조를 지니고 있다. OECD의 'BASIC'이라는 제안(그림 2-1)은 사람들의 행동Behaviour을 관찰하고, 행동경제학적으로 분석Analysis하며, 넛지 전략Strategy을 세우고, 실제로 넛지에 따라 개입Intervention해보아 효과가 있으면 정책이나 제도를 변화Change시킨다는 것이다.

ideas 42라는 조직이 제안하는 5단계 프로세스는 문

---

2) BIT는 처음에는 영국 내각부Cabinet Office에 설치되었다가 2014년에 사회적 기업으로 바뀌었다.

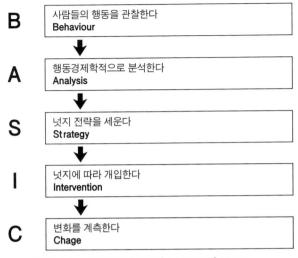

<그림 2-1> 넛지 설계의 프로세스 : OECD의 BASIC

제를 정의하고, 처방전을 생각하며, 넛지를 설계하여, 그 효과를 테스트한 다음, 대대적으로 실시한다고 하는 것이다. 한편 행동통찰팀은 넛지를 테스트하고, 그 효과를 검증한 다음, 정책에 적용한다고 하는 3단계 프로세스를 제안하고 있다. 이들은 기본적으로는 현안 과제로 부각된 문제의 배경을 행동경제학적으로 분석하고, 넛지를 고안하여, 테스트한다고 하는 프로세스이다.

좀 더 구체적으로 살펴보기로 하자. 가장 먼저 해야 할 일은 의사결정 프로세스를 도식화하는 것이다. 이는 의사결정 프로세스를 이해하고 이와 관련된 행동경제학적 바이어스와 그 영향을 추론하는 것, 이에 대응하는 넛지 후보들을 추려내고 제반 기술적 제약을 감안하여 실행 가능한 것을 정하는 것, 그런 다음 중요한 의사결정과 관련 있는 넛지부터 우선적으로 그 효과를 검증하는 것으로 구성된다.

첫째, 의사결정 프로세스를 생각해보자. 가장 먼저 검토해야 할 것은 검토 대상이 되는 의사결정의 특징이다. 예컨대 어떤 의사결정이 이를 행하는 사람에게 중요하다고 인식된 것인지, 아니면 그저 거의 무의식적으로 행해지는 것인지를 검토해야 한다. 이와 관련하여 다음과 같은 상황을 상정해보자. 즉, 어떤 행동이 자신에게 바람직하지 않은 것이어서 스스로 이를 개선해야겠다고 생각하고 있다. 본인도 이렇게 하는 것이 매우 중요함을 잘 알고 있다.

어떤 행동을 취할지에 관한 의사결정이 중요함을 이해하고 있음에도 스스로 바람직하지 않은 행동을 취하고 있다면, 이는 뭔지 모를 어떤 바이어스에 의해 의사결정이 왜곡됐기 때문일지 모른다. 또는 올바른 의사결정을 하고 이와 정합적인 행동을 하고는 싶은데 실제

행동이 의도한 바와 다르게 나타났기 때문일지도 모른다. 깊이 생각하지 않고 내린 의사결정 때문에 바람직하지 않은 행동을 취하고 있다면, 문제의 중요성을 일깨우는 것이 급선무다. 또한 이때에는 무의식에 호소하는 식의 넛지가 유효할지도 모른다.

둘째, 의사결정의 타이밍과 함께 의사결정이 능동적으로 이루어지는지, 수동적·자동적으로 이루어지는지에 대해서도 생각해볼 필요가 있다. 의사결정에는 몇 가지 종류의 선택지가 있을까. 명시적으로 의사 표시를 하지 않아도 선택되는 것과 같은 디폴트 옵션은 존재하는가. 스스로 선택한 것에 대해 결과를 피드백하는 것이 가능할까. 행동을 유도하는 인센티브는 금전적인 것일까, 아니면 비금전적인 것일까. 바람직한 행동이 나오지 않는 것은 바람직한 행동을 이끌어내는 데 금전적으로 비용이 들기 때문일까, 아니면 심리적으로 비용이 들기 때문일까.

셋째, 의사결정을 하는 사람이 어떤 정보를 보유하고 있는지를 살펴볼 필요가 있다. 어떤 지식이나 조언이 있으면 의사결정이 가능할까. 자신에게는 어떤 정보나 지식이 주어져 있을까. 문서 형태의 정보일까, 시각 정보일까, 아니면 구두로 얻은 정보일까. 정보는 어떤 순서로 주어져 있을까.

넷째, 의사결정을 하는 사람의 심리 상태는 어떤가. 좋은 의사결정을 한 경우 그 이득이 곧바로 나타나는가, 아니면 늦게 나타나는가. 늦게 나타날 경우에는 현재바이어스 때문에 의사결정을 미룰 가능성이 높아지므로, 좋은 행동이나 습관을 학습하여 자연스럽게 몸에 익힐 수 있는 기회가 줄어든다.

다섯째, 의사결정은 감정과도 관련이 있어 스스로 감정적인 상태에 놓여 있을 때 많은 의사결정이 이뤄지는 것일까. 실제로 의료에 관한 의사결정의 상당수는 감정적인 상태에서 행해지는 경우가 많다. 그리고 아이가 태어날 때나 부모가 돌아가시는 경우의 의사결정은 서로 다른 감정하에서 이뤄지기도 한다.

여섯째, 의사결정 중에는 그다지 에너지를 쓰지 않아도 되는 것이 있는 반면, 어떤 경우에는 강한 의지력과 자제심을 요하는 것도 있다. 의지력이 강하지 않으면 좋은 의사결정을 할 수 없는데도, 의지력과 자제심이 약한 상태에서 의사결정이 이뤄짐에 따라 좋지 않은 결과가 나오는 경우가 종종 있다.

끝으로 의사결정이 이뤄지는 환경에 대해서도 생각해볼 필요가 있다. 의사결정이 홀로 있을 때 이뤄지는 타입인가, 아니면 남들이 보고 있는 상황에서 이뤄지는 것인가. 의사결정이 언론 보도나 전문가의 의견에 따라 영향 받을 가능성이 있는가, 아니면 주변에 있는 평범한 사람들의 행동에 의해 영향을 받는 타입인가. 자기 스스로 요청하여 의사결정이 이뤄지는 경우, 스스로 요청하게끔 하는 것 자체에 문제는 없는가. 이와 같이 의사결정의 특징을 정리해가는 것이다.

행동의 변화를 스스로 바라고 있는가

넛지를 설계할 때 가장 중요한 것은 자기 자신이 스스로 행동을 바꾸고 싶다고 강하게 원하는지, 아니면 여태껏 대수롭지 않게 생각해왔던 자신을 일깨워 행동을 바꿔보자는 것인지, 이 둘 가운데 어떤 타입인지를 분간하는 것이다(표 2-1).

전자는 현재바이어스나 자제심 부족이 원인이 되는 경우가 많다. 즉, 전자는 이상적인 행동과 현실적 행동 간 갭이 있는 것에 원인이 있는 경우이다. 이때에는 행

자제심		바람직한 행동	
내적 활성화	외적 활성화	외적 활성화	
음주운전을 피하기 위해 환송 서비스를 사전에 예약	자동차 연료 절약 운전을 촉진하기 위해 연비계를 대시보드에 설치	세제 간소화로 납세 촉진 쓰레기 투기 방지를 위해 표지를 설치	의식적
돈을 별도 계정에 넣어 낭비를 방지	비건강식품을 손에 닿기 어려운 곳에 진열	많은 사람이 리사이클 활동을 하고 있다고 홍보 스피드 억제를 위해 착시를 이용한 방지턱을 표시	무의식적

〈표 2-1〉 목적별로 구분되는 넛지의 종류

동 변화를 일으키고 싶은 자에게 커미트먼트 수단을 제공하거나 자제심을 고취하는 넛지가 유효하다.

본래 이상적인 행동을 하고 싶다고 스스로 바라고 있는 사람에게는 커미트먼트 수단을 제공하는 것만으로도 충분하다. 저축을 늘리고 싶어 하는 사람에게는 급여에서 자동 이체되는 예금상품이나 신용카드 이용에 상한액을 설정하는 선택지를 제공하는 넛지가 제격이다. 체중을 줄이기 위해 매일 운동하기로 스스로 약속하고, 운동을 못 하는 날에는 하루에 얼마씩 자체 벌금을 부과하는 커미트먼트는 운동을 통해 체중을 줄이고 싶어 하는 사람에게는 대단히 유효한 넛지이다. 그러나 이러한 커미트먼트 수단은 자신이 특별히 좋아하지 않는 행동을 단지 건강을 위해 해야 하는 경우에는 사용할 수가 없다.

또한 행동을 의식적으로 바꿀지 아니면 무의식적으로 바꿀지에 따라서도 넛지의 작성 방침이 달라진다. 자기 스스로 행동을 바꾸고 싶어 해도 현상유지 바이어스 때문에 커미트먼트 수단을 갱신하는 것 자체가 곤란하다면 '디폴트 옵션의 설정'을 변경하는 것이 유효하다. 즉, 자신이 명시적으로 의사 표시를 하지 않는 경우에는 커미트먼트 수단을 이용하는 것에 동의한 것으로 간주하고, 커미트먼트 수단을 이용하고 싶지 않으면 간단하게 이용을 중단할 수 있게 하면 된다.

대표적인 예로 장기臟器 제공의 의사 표시가 있다. 일본인의 41.9%는 '뇌사로 판정되면 (굳이 말하자면) 장기

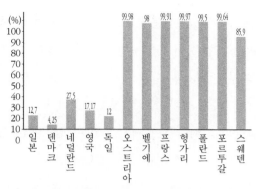

〈그림 2-2〉 장기 제공의 실효적 동의율 (Johnson & Goldstein(2003),
*Science*와 '장기 이식에 관한 세론조사' 내각부(2017)를 기초로 저자가 작성)

를 제공하고 싶다'고 생각하고 있다(내각부, 2017, '장기 이식
에 관한 세론조사'). 그럼에도 불구하고 실제로 제공 의사
를 표명하고 있는 사람들의 비율을 살펴보면, '제공하
지 않는다'가 디폴트이고 제공하고 싶은 경우 별도의
의사 표시를 필요로 하는 일본과 같은 나라에서는 10%
전후로 낮게 나타난다(그림 2-2). 반대로 '제공한다'가 디
폴트로 되어 있는 프랑스와 같은 나라에서는 이 비율이
100%에 가깝다.

한편 이상적 또는 규범적 행동을 활성화하고 싶은 경
우에는 대수롭지 않게 선택되는 일상적인 행동을 변화
시킬 필요가 있다. 원래 사람들은 별다른 의식 없이 일

상적 행동을 하기 때문에 스스로 원하여 이들 행동을 바꾸려고 넛지를 설계하는 일은 없다. 이때에는 정부와 같은 외부 주체가 나서서 넛지를 설계할 필요가 있고, 또 이렇게 하는 것이 효과적이라 생각된다.

　사람들의 의식을 환기시키고 싶은 경우에는 손실회피를 이용하거나 사회규범에 호소하는 방식의 넛지를 통해 필요한 정보를 제공하면 된다. 또한 사람들을 무의식인 상태로 두면서 행동을 변화시키는 수법도 있다. 예컨대 쓰레기 불법 투기를 줄이고 싶은 경우 '쓰레기를 함부로 버리지 마세요!'란 표지를 설치하는 것은 외적 강제를 동원하는 의식적인 넛지라 할 수 있다. 도로 위에 쓰레기통으로 걸어가는 발자국을 그림으로 표시하여 쓰레기통으로의 자발적 이동을 유도하거나 무단 투기가 빈발하는 장소에 지장보살상이나 홍살문을 설치함으로써 신성한 장소에 더러운 것을 버리지 않도록 하는 것은 무의식적 넛지에 해당한다.

　'쓰레기를 함부로 버리지 마세요!'나 '흡연장소 밖에서 흡연하는 것은 조례 위반입니다' 등의 표지 같은 의식적 넛지는 그렇게 하는 것이 위법임을 알면서도 그런 행동을 하는 사람들에게는 그다지 효과가 없을지도 모른다. 어쩌면 이들 표지 자체에 주의를 기울이지 않을 가능성도 있다. 이런 경우에는 도로 위에 쓰레기통이나 흡연장소까지 발자국이나 화살표를 그려두는 편이 낫다. 사람들은 무의식적으로 이들 그림을 따라가는 경향이 있기 때문이다.

넛지 선택법

넛지를 고르기 위해서는 전술한 바와 같이 의사결정 상황을 분석하고 어떤 행동경제학적 장애가 있는지 검토할 필요가 있다(표 2-2). 이와 관련된 구체적인 체크포인트는 다음과 같다.

첫째, 자신이 해야 할 행동이 뭔지는 알고 있지만 실천으로 옮겨지지 않는 것인지, 아니면 바람직한 행동 자체가 뭔지를 명확히 인식시켜야 하는지에 관한 것이다.

만약 자신이 본래 해야 할 행동을 알고 있지만 실천되지 않았다면, 이때는 자제심을 고취하는 넛지가 필요하다. 예컨대 커미트먼트 메커니즘이나 구체적 액션 프로그램을 손쉽게 세울 수 있는 방법을 제공하는 것이

장애요인	대책
자신이 해야 할 일을 알고는 있지만 실천되지 않는가?	자제심을 고취하는 커미트먼트 메커니즘의 제공, 사회규범 넛지
바람직한 행동을 몰라서 못 하는 것인가?	정보 제공, 디폴트 옵션, 사회규범 메시지
스스로 넛지를 활용할 수 있을 정도로 의욕이 있는가?	커미트먼트 메커니즘의 제공, 디폴트 커미트먼트
정보를 올바로 제공하면 되나?	손실회피, 사회규범의 이용
정보의 부하가 너무 큰가?	단순하게, 무엇을 하면 좋은지 알 수 있게, 필요한 정보만큼
유도하고 싶은 행동과 경합적인 행동이 병존하는가?	경합적인 행동을 억제할 수 있도록 하는 넛지 (사회규범, 규칙)

〈표 2-2〉 의사결정의 장애요인과 대책

다. 한편 바람직한 행동이 뭔지를 모르고 있다면, 그 행동을 하지 않으면 손실을 입는다는 사실을 강조하는 메시지를 통해 바람직한 행동의 중요성을 인식시킬 필요가 있다. 혹은 이상적인 행동이 뭔지를 이해하고 있지 못한 경우에는 디폴트 옵션을 설정하거나 사회규범 메시지를 이용할 것을 권한다.

둘째, 스스로 넛지를 활용할 수 있을 정도로 충분히 동기가 부여되어 있는지에 관한 것이다. 의욕이 높은 경우에는 커미트먼트 메커니즘을 제공하는 것이 중요하다. 하지만 그렇지 않을 경우에는 정부나 조직이 설정하는 외적 넛지가 필요하다.

셋째, 정보를 올바로 인지할 수 있으면 바람직한 행동을 할 수 있는 것인가, 정보를 인지하는 데 걸리는 부하가 너무 커 바람직한 행동을 취하기 어려운가에 관한 것이다. 어떤 경우이든 정보를 인지하는 데 문제가 있으면 정보를 단순화하거나 이해하기 쉽게 손실회피나 사회규범 등을 이용하고, 필요한 정보를 좋은 타이밍에 제공하는 넛지가 유효하다.

넷째, 유도하고 싶은 행동이 따로 있는데 이와 경합하는 행동이 병존하기 때문에 목표로 하는 행동이 나오지 못하는가, 아니면 단지 타성 때문에 그렇게 되는가. 이때 경합하는 행동을 억제해야 하나, 아니면 직접적으로 목표 행동을 촉진해야 하나. 만약 달성하고자 하는 행동을 저해하는 유혹이 장애요인으로 작용한다면 이를 억제하는 넛지가 필요할 것이다. 건강에 좋지 않은 식품을 손이 닿기 어려운 곳에 진열하는 것은 그 좋은 예이다.

이상에서와 같이 장애의 특징이 뭔지를 명확히 규정할 수 있다면, 장애를 유발하는 행동경제학적 특성에 따라 적합한 넛지를 선택하면 된다. 그러나 문제 상황에 따라서는 이용 가능한 넛지에 제약이 있는 경우도 많다. 예컨대 디폴트 옵션을 도입하거나 그 설정을 변경하면 효과가 있겠다고 생각날 때가 있는데, 이렇게 하는 것이 애초에 가능한 선택지였는지 모르는 경우도 있다.

한편 의사결정 절차가 복잡하기 때문에 기대했던 행동이 취해지지 않았다면, 애초에 의사결정에 관한 프로세스를 단순하게 할 수는 없었을까 하는 점도 검토해볼 필요가 있다. 또한 정보기술(IT) 등을 이용하여 개인이 의사결정을 하는 데 드는 번거로움을 덜어줄 수 있다면, 그 이용가능성 또한 검토할 필요가 있다.

어떤 넛지를 우선적으로 고려해야 할까. 이에 관해서는 의사결정의 상위 단계에 있는 장애를 해결하기 위한 넛지부터 선택하는 것이 가장 중요하다. 자제심을 높이기 위한 넛지는 본래 절제된 행동을 취하기 원했던 사람 외에는 효과가 없으므로, 디폴트 옵션 형태의 넛지에 비해 그 효과를 볼 수 있는 사람은 제한적이다. 반대로 디폴트 옵션을 이용한 넛지는 많은 사람들에게 효과가 있지만 모든 사람에게 동일한 효과밖에 줄 수가 없다. 넛지가 장기적으로도 효과가 있는지, 더 좋은 습관을 형성할 수 있는지 등을 체크하는 것도 넛지의 우선순위를 고려하는 데 중요한 과정이다.

2. 넛지의 체크리스트

Nudges

넛지를 설계한 다음에 과연 이것이 적절한가를 점검하기 위한 체크리스트가 다양하게 제안되어 있다. '넛지'라는 명칭을 제안한 세일러와 선스타인Cass R. Sunstein은 'Nudges'라는 체크리스트도 제안하고 있다. 이 리스트는 다음과 같은 6개 항목으로 구성된다.

① 인센티브iNcentive
② 매핑을 이해한다Understand mapping
③ 디폴트Defaults
④ 피드백을 준다Give feedback
⑤ 실수를 예측한다Expect error
⑥ 복잡한 선택을 체계화한다Structure complex choices

넛지를 설계하기 위해서는 대상자가 어떤 인센티브를 갖고 있는지를 생각해야 한다(①). 특정 행동을 취하고 싶다고 생각하지만 뜻대로 되지 않는 것인지, 애초에 생각하고 있지도 않은지를 식별하는 것이 중요하다. 의사결정 프로세스를 매핑(도식화)하여 어디에 장애가 있어 바람직한 행동이 취해지지 않는지를 밝힌다(②). 바람직한 선택을 디폴트 옵션으로 설계할 수 있다면 이를 어떻게 이용할지 생각한다(③). 스스로 취한 행동의 결과를 피드백할 수 있다면 이(행동의 결과)는 보수報酬로 인지되어 학습이나 습관 형성으로 이어진다(④). 사람들의 실수를 예측한다(⑤). 선택하기 복잡한 것이 원인이 되어 선택을 못 하거나 잘못된 선택을 하는 경우에는 선택을 체계화함으로써 복잡하게 생각하지 않아도 바람직한 선택이 될 수 있도록 설계한다(⑥).

EAST

영국에서 넛지를 설계하는 행동통찰팀BIT(Behavioral Insights Team)은 몇 가지 체크리스트를 제안하고 있다. 예컨대 'EAST'라는 체크리스트는 항목이 적은 관계로 이를 이용하는 넛지 설계자들에게 항상 주의를 요한다(표 2-3). EAST는 Easy, Attractive, Social, Timely의 앞 문자를 모아놓은 것이다.

E	Easy	간단하게 되어 있나? 정보량이 과다하지 않나? 수고를 끼치지 않나?
A	Attractive	매력적인 것으로 되어 있나? 사람들의 눈길을 끌고 있나? 재미있나?
S	Social	사회규범을 이용하고 있나? 다수파의 행동을 강조하고 있나? 호혜성에 호소하고 있나?
T	Timely	의사결정을 하는 최적의 타이밍인가? 피드백은 빠른가?

〈표 2-3〉 넛지의 체크리스트 : EAST

EAST의 E는 Easy, 즉 간단함을 의미한다. 사람들이 바람직한 선택이나 행동을 하지 않는 것은 선택하기가 복잡하거나 성가시기 때문일 경우가 많다. 이때는 넛지를 이용하는 데 선택하기가 용이하게 되어 있는지를 체크하는 것이 중요하다. 정부나 지자체가 넛지를 이용하여 행정 메시지를 작성할 때, 사람들이 잘못된 선택을 하지 않도록 상세한 정보나 다수의 정보를 메시지에 담으려 하는 경우가 많다.

그러나 메시지를 받는 쪽에서는 정보가 많으면 그만큼 복잡해져 모처럼 이용하려던 넛지가 제 기능을 발휘하지 못하게 된다. 이때는 복잡함 때문에 정부 서비스 이용이 줄어드는 것은 아닌지 우선적으로 체크해야 한다. 정부 관계자는 당연히 그 업무를 숙지하고 있기 때문에 매우 복잡한 문장이나 표현이라도 단번에 내용을 이해할 수 있을 것이다. 하지만 처음으로 행정 정보나 제도에 직면하는 사람들에게는 필요 없는 정보까지 제시되어 번거롭기 그지없을 뿐이다. 편의점이나 지하철 플랫폼에서 줄 서는 장소를 화살표나 발자국 모양으로 표시해두는 것이 효과가 있는 것은 간단하기 때문이다. 화살표나 발자국 대신 '이곳에 줄 서 있으세요'라는 표지판을 세워두면 읽는 사람은 아무도 없을 것이다.

EAST의 A는 Attractive, 즉 매력적이라는 것이다. 사람들에게 주의를 촉구하는 포스터가 글로만 채워져 있다면 누구도 읽어주지 않는다. 선전을 위한 포스터가 주의를 끌도록 궁리되어 있는 것은 작성자가 사람들의 특성을 잘 알고 있기 때문이다. 그러나 공적 기관이 만든 설명문서는 어떻게 만들어져 있건 상관없이 서비스를 필요로 하는 사람들이 이것을 읽지 않으면 안 된다는 전제하에 만들어지는 경우가 많다. 벌칙이나 금전적 인센티브를 사용하지 않고 사람들의 행동을 변화시키고자 한다면 넛지 그 자체가 매력적일 필요가 있다.

EAST의 S는 Social, 즉 사회적이란 의미이다. 이는 넛지가 우리들의 사회적 선호를 잘 이용하고 있는지를 말한다. 다시 말하여 넛지가 다른 사람과 비교당하는 것을 싫어하거나, 다른 사람으로부터 받은 호의에 보답한다거나, 다수파의 행동을 추종한다거나, 사회규범에 따른다고 하는 등의 특성을 제대로 활용하고 있는지를 말한다.

예를 들어, 절전을 촉구하는 넛지로 유효했던 것은 주변 사람의 전력 사용량을 자신의 전력 사용량과 비교하는 그래프로 그려 통지하는 것이었다. 사람들이 사회규범에 따르는 특성이 있다는 점을 이용했기 때문에 유효했던 것이다. 뇌사의 경우 장기 제공 동의서에 등록을 촉진하는 넛지로서 '장기가 필요할 경우 받기를 원한다면 당신도 공헌해야겠지요?'라는 호혜성에 호소하는 메시지나, '많은 사람이 동의하고 있어요'라는 메시지가 효과적이었다는 것도 이유는 마찬가지이다.

T는 Timely, 즉 넛지 타이밍의 중요성이다. 예컨대 운전면허증을 갱신할 때 사망사고 현장 영상을 보여주면서 새로운 운전면허증을 건네준다면 사람들로 하여금 뇌사 시 장기 제공에 동의하는 행동을 좀 더 쉽게 이

끌어낼 수 있을 것이다. 마케팅에서는 레드와인 - 육류, 스마트폰 - 충전 케이블과 같이 상호 보완적인 소비재의 다양한 조합들을 조사한 다음, 어떤 상품을 구입한 사람에게 다른 많은 사람들이 그 상품과 함께 이런 상품도 구입했다고 제안하는 넛지를 생각해볼 수 있다. 이러한 넛지는 최초 상품 구입 타이밍에 맞춰 보완적 상품의 구입을 제안하는 것으로, 두 가지 상품의 동시 구입 가능성을 높이는 데 기여할 수 있다.

바람직하지 않은 행동을 억제하고자 한다면 그런 행동을 할 것 같은 타이밍에 이를 억제하는 메시지를 띄울 필요가 있다. 장기적으로 좀 더 좋은 행동을 이끌어 내고 싶다면 장기적인 것을 생각하는 일이 많은 타이밍에 맞춰 메시지를 띄울 필요가 있다.

현재바이어스 때문에 해야 할 일을 미루거나 좋지 않은 일에 계속 매달리는 것을 억제하고 싶은 경우에는 어떻게 하면 될까. 이러한 미루기 행동의 원인은 과식하는 것과 같이 좋지 않은 행동의 결과가 뒤늦게 나타나는 데 있다. 이때에는 억제해야 할 행동을 하는 시점에 그 행동의 결과를 미리 알 수 있도록 하는 피드백이 필요하다.

MINDSPACE

BIT는 'MINDSPACE'라고 하는 9개 항목의 체크리스트로 구성된 넛지도 제안하고 있다. M은 Messenger의 머리글자로, 정보를 전달하는 자가 누구인지에 따라 영향을 크게 받음을 의미한다. 이와 관련하여 이용가능성 휴리스틱은 손쉽게 얻어지는 정보로부터 영향을 받는 것을 의미하는데, 사람들이 TV, 신문, SNS에서 나오는 정보에 의해 영향 받기 쉬운 것이 그 대표적인 예이다. 이러한 점들을 고려하여 넛지를 만들어갈 필요가 있다.

I는 Incentive이다. 인센티브에 대한 우리들의 반응은 행동경제학적으로 예측 가능한 것이 많다. 예컨대 우리들에게는 손실을 회피하는 경향이 있는데, 이는 전술한 바와 같이 이득보다 손실에 더 크게 반응하는 것을 말한다. N은 Norms, 즉 사회규범을 의미하는데, 우리들은 다른 사람이 어떻게 행동하는지에 따라 영향을 크게 받는다. D는 Defaults, 즉 초기설정(디폴트)을 말한다. 우리들은 초기에 설정된 것을 그대로 따르는 경향이 있기에, 적극적으로 의사 표시를 하지 않는 경우 어떤 의사결정이 이뤄졌다고 간주하는 이른바 디폴트에 의한 의사결정이 대단히 빈번하게 이루어진다.

예를 들어보자. 생활보호 대상자가 받는 각종 사회보장급여는 이를 받을 자격이 있다는 것만으로는 급여를 받을 수 없고, 사회보장급여 신청 절차를 밟아야 비로소 수급 의사가 있는 것으로 간주된다. 어떤 제도에 참가할 의사를 표명해야 비로소 참가 가능한 유형의 것을 옵트·인opt-in이라 한다. 반대로 참가하는 것이 디폴트이고 이로부터 탈퇴하는 것이 옵션으로 되는 것을 옵트·아웃opt-out이라 한다. 넛지를 설계할 때에는 디폴트 옵션을 제대로 설계할 수 있는지 여부를 검토하는 것이 중요하다.

S는 Salience(현저성), 즉 눈에 띄는 것을 말한다. 우리들은 새로운 것이나 자신과 관계가 있을 법한 것에 주의를 집중하기 마련이어서, 넛지를 설계할 때에도 사람들의 마음을 사로잡을 수 있도록 궁리할 필요가 있다. P는 Priming(프라이밍)이라 하는 심리학 용어로, 무의식 속의 기억이 단서가 되어 우리들의 행동에 영향을 주는 것을 가리킨다. 미리 습득된 선행 정보에 무의식적으로 영향을 받아 다음번 행동이 쉽게 나오거나 억제되기도 한다. 예컨대 붉은색을 보여준 다음에 과일의 이름을 떠올려보라고 하면 딸기나 사과를 쉽게 연상하는 것도

프라이밍이다. 무의미한 숫자라 해도 이것이 주어져 있으면 이후의 의사결정에 영향을 준다고 하는 의미에서는 앵커링도 이에 해당할지 모른다.

A는 Affect(정서)를 뜻한다. 우리들의 의사결정은 감정에 좌우된다. 공포를 느끼면 위험을 회피하게 되고, 분노를 느끼면 위험을 느끼지 못하게 된다는 연구 결과가 있다. 기후와 주가에 상관관계가 있다는 연구도 있다. 그리고 C는 Commitment(확약[確約])이다. 우리들은 공적인 자리에서 확약하거나, 스스로 상세히 정한 계획과 정합적으로 행동하거나, 은혜를 받으면 보답하는 차원에서 호혜적인 행동을 취하는 경향이 있다. 이러한 경향을 이용하면 현재바이어스로 말미암은 미루기 행동 때문에 계획이 달성되지 못하는 것을 방지할 수 있다. 마지막으로 E는 Ego(자아), 즉 스스로 만족도가 높아지도록 행동하는 경향을 의미한다. 훌륭한 넛지는 이상에서 살펴본 바와 같은 우리들의 제반 특성과 잘 매치되어 있다.

3. 넛지의 실제 사례

노후저축을 위한 의사결정

　의사결정의 구체적인 사례로서 얼마만큼 노후저축을 하는지에 대해 생각해보자(그림 2-3). 노후생활비를 마련하기 위해서는 젊은 시절부터 노후에 대비하여 저축을 하는 것이 중요하다는 사실을 인식할 필요가 있다. 노후저축의 중요성을 인식하지 못하는 것은 현재가 중요하다고 생각하여 은퇴라는 먼 장래(의 가치)를 크게 할인하고 있기 때문일 것이다. 이때에는 중요성에 대한 정보를 제공할 필요가 있다. 예컨대 노후저축의 중요성을 알려주는 데는 손실회피 심리를 이용하는 것이 유효하므로, 지금의 저축 상태로 노후 생활수준이 얼마나 열악해지는지를 보여주면 된다. 노후저축이 중요하다는 것은 알고 있지만 행동(즉, 저축)으로 이어지지 않는다고 하면 다음 단계에 문제가 있다.

　노후저축의 중요성을 인식하는 것의 다음 단계에서는 노후를 위해 자금을 배분하는 의사결정이 따라온다. 즉, 지금 가지고 있는 자금 가운데 얼마를 장래를 위해 쌓아둘까 하는 의사결정이다. 노후에 필요한 저축액이 얼마인지를 산출하기 위해 복잡한 계산을 해야만 한다면 여기서 장애가 발생할 가능성이 있다. 이럴 경우 유효한 넛지는 노후저축 금액의 가이드라인을 제시하거나 간단히 계산해줄 수 있는 앱(애플리케이션)을 제공하는 것이다.

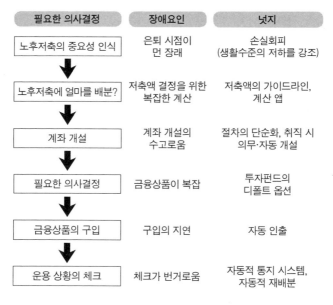

필요한 의사결정	장애요인	넛지
노후저축의 중요성 인식	은퇴 시점이 먼 장래	손실회피 (생활수준의 저하를 강조)
노후저축에 얼마를 배분?	저축액 결정을 위한 복잡한 계산	저축액의 가이드라인, 계산 앱
계좌 개설	계좌 개설의 수고로움	절차의 단순화, 취직 시 의무·자동 개설
필요한 의사결정	금융상품이 복잡	투자펀드의 디폴트 옵션
금융상품의 구입	구입의 지연	자동 인출
운용 상황의 체크	체크가 번거로움	자동적 통지 시스템, 자동적 재배분

〈그림 2-3〉 노후저축의 의사결정·장애요인·넛지

가령 *만 엔을 저축하기로 결정했다 하자. 하지만 계획만으로 저축이 가능한 것은 아니다. 우선 금융기관에 가서 노후저축을 위한 계좌를 개설할 필요가 있다. 인터넷 뱅킹이란 간편한 수단이 생겼다고는 해도 시간이 걸리는 데다 전자서류를 작성해야 하는 성가심도 있다. 계좌 개설에 문제가 있다면 알기 쉽고 간단한 계좌 개설 방법을 고안하여 제시하면 된다. 아예 취직할 때 노후저축을 위한 계좌 개설을 의무화하거나 자동적으로 개설되도록 하는 장치를 마련해두면 좋을 것이다. 넛지는 타이밍이 중요하다.

계좌 개설을 무사히 마치고 나면 다음에는 어떤 금융상품을 구입할지 정한다. 주식 위주의 투자신탁으로 할까, 아니면 채권 위주 상품이 좋나, 국내 운용 중심인가 해외 운용 중심인가 등을 결정할 필요가 있다. 노후저축용 투자펀드가 디폴트로 되어 있으면 선택하기 쉽다.

무사히 투자펀드를 결정했다고 하자. 그런데 투자하기로 약정한 금액을 지금 투자하지 않고 1개월 후에 투자하기로 미루고 싶은 생각이 갑자기 들지도 모른다. 이런 사태가 발생하는 것을 방지하기 위해서는 약정 투자액이 급여에서 자동으로 이체되는 구조로 상품을 설계·도입할 필요가 있다.

무사히 자금이 투자펀드에 이체되어 운용되기 시작했다고 하자. 예정대로 노후자금을 쌓아가는 데는 아직 할 일이 남아 있다. 투자수익이 예상 범위를 벗어나지 않는지 체크할 필요가 있는 것이다. 특정 포트폴리오의 수익이 예정된 하한을 크게 밑돌거나 특정 주가가 피크에 다다를 것 같은 경우에는 투자자금을 재배분할 필요도 있다. 투자수익의 체크나 자금의 재배분을 게을리하면 생각한 것만큼 저축이 늘지 않는다. 이렇듯 운용 측면의 문제 때문에 노후저축이 늘지 않는 경우에는 이에 대응하는 넛지를 생각할 필요가 있다. 운용 상황을 정기적으로 알기 쉽게 통지하는 시스템이나 자동적으로 자금이 배분되도록 하는 서비스를 도입하는 것이다.

자연재해 시의 예방적 대피

태풍이나 폭우와 같이 어느 정도 사전에 재해 발생을 예상할 수 있는 경우에는 대피 지시나 대피 권고를 발동할 수 있다. 그러나 실제로 대피행동을 하는 사람들의 비율이 매우 낮은 것이 문제가 된다. 대피 지시 발령이 났을 때 대피행동을 취할지 여부에 관한 의사결정 프로세스를 생각해보자. 프로세스는 다음과 같다. 우선 대피의 필요성을 인식한다. 그다음 언제 대피할지를 생각한다. 그리고 어디로 어떻게 대피할지를 생각한다.

지금까지의 방재防災 교육은 대피장소를 알려주는 것에 중점이 두어져왔다. 예컨대 히로시마현에서는 2014년에 산사태로 77명이 목숨을 잃은 후 '다 함께 재해를 줄입시다'를 캐치프레이즈로 하는 현민縣民 총궐기 운동을 전개하여 일상적인 재해의 위험이나 대피소를 '알기', 기상정보나 대피 권고를 통해 재해 발생의 위험성을 '감지하기', 대피소나 안전한 장소로 대피하는 '행동하기', 이에 더해 '대비하기'와 '배우기'의 다섯 가지 행동 목표를 정했다.

이 가운데서도 재해와 대피행동 실태를 '알기'에 중점이 두어져왔다. 그 결과 '다 함께 재해를 줄입시다' 현민 총궐기 운동을 통해 대피소나 대피경로를 확인한 주민의 비율은 2014년 13.2%에서 2018년에는 57.2%로 크게 향상되었다. 그러나 2018년 7월 폭우 당시 대피한 사람의 비율은 0.74%에 지나지 않았다. 그 결과 114명이 사망하거나 행방불명되었다. 방재 의식은 향상되었지만 대피행동으로는 이어지지 않았던 것이다. 대피행동에 관한 상기 의사결정 프로세스를 빌려 말하자면, 대피장소에 대한 지식은 있었지만 대피의 중요성에 대한 인식과 대피 타이밍에 관한 의사결정에 문제가 있었을 가능성이 있다. 이와 관련하여 다음 세 가지 유형의 사람들을 생각해볼 수 있다.

첫째는 대피한다고 하는 행동이 자택에 남아 있는 것보다 심신에 부담이 된다고 생각하는 타입이다. 이들은 '자택에 잔류하는 비용'보다 '대피하는 비용'이 높다고 판단한다. 대피소로 가는 도중에 위험에 처할 가능성, 대피소 생활의 불편함과 건강 악화와 같은 대피비용이 매우 크다고 생각하는 것이다. 이들의 판단에는 합리적인 부분도 있지만 대피생활의 불편함을 과대평가하거나 자택 잔류 시의 위험성을 과소평가했을 가능성도 있다.

둘째는 대피비용보다도 잔류비용이 크다고 인식하고는 있지만 지금 당장 대피하는 것을 귀찮아하는 현재바이어스 때문에 대피를 '미뤄'버리는 타입이다.

셋째는 손실회피 때문에 오히려 위험을 선택하는 타입이다. 아직 손해가 발생하지 않은 현재 상태를 참조점으로 삼고 있으면 손실 위험이 눈앞에 있어도 손실을 확정하기 싫어하는 손실회피 성향이 발휘되는데, 이때에는 아무리 손실 위험이 커도 현상유지 가능성이 있는 것을 선택하기 일쑤이다. 재해 시의 예를 들어보면, 대피는 그 자체 이동비용 등이 들지만, 자택에 잔류할 경우에는 더 큰 피해를 볼 수도 있고 피해를 전혀 보지 않을 가능성도 있다. 상기 유형의 인간은 현상유지 가능성, 즉 피해를 전혀 보지 않을 가능성에 도박을 하는 것이다.

상기 유형의 사람들에게는 어떤 넛지를 생각해볼 수 있을까(표 2-4). 우선 대피비용을 걱정하는 첫 번째 타입의 사람들이 많을 경우에는 대피비용이 실제로는 높지 않음을 보여주는 정보를 제공할 필요가 있다. 대피소 생활을 꺼리는 사람들에게는 식사, 음료수, 모포가 무료로 제공되는 등 쾌적하게 지낼 수 있다고 알려준다. 같은 말이지만 대피소에 가지 않으면 이들 물품을 받을 수 없다는 식의 손실 메시지를 보내는 것도 효과적이다. 자택에 남아 결과적으로 구조활동의 대상자가 되면 주변 사람들에게 얼마나 많은 부담과 비용을 강요하게 되는지를 상세히 설명하는 것도 한 가지 방법이다.

두 번째 타입으로 거론했던 행동을 미루는 사람들에

장애요인	넛지·메시지 후보
대피하는 것이 자택에 남는 것보다 심신에 부담이 된다고 판단	'대피소에서는 음식이나 모포를 제공합니다.' '대피소에 가지 않으면 음식이나 모포를 받을 수 없습니다.' '자택에 머물러 피해를 보면 구조활동의 대상이 되어 주위에 폐를 끼치게 됩니다.'
대피하는 것이 좋다는 것은 알아도 대피를 미루는 '현재바이어스'가 존재	대피 권고가 내려지면 ○○로 대피한다고 적도록 사전에 소정 양식을 마련해둔다 '지금 대피소에 가시면 숙소가 마련되어 있습니다.' '지금 대피하시면 식사나 음료수를 제공받을 수 있습니다.' '당신이 대피하지 않으면 다른 사람의 목숨이 위태롭게 됩니다.' '솔선하여 대피하세요!'
대피하지 않아도 피해를 보지 않을 가능성이 높다고 어림짐작해 대피비용을 크게 느끼는 '손실회피'가 존재	'신체에 매직펜으로 주소와 이름을 써주세요.' '신원을 확인할 수 있는 것을 몸에 부착해주세요.'

〈표 2-4〉 예방적 대피 의사결정의 장애요인과 넛지

게는 적어도 본인은 대피해야 한다는 자각이 있다. 이런 유형의 사람들에게는 위험한 상황이 오면 대피한다는 커미트먼트 수단을 사용하면 된다. 구체적으로는 미리 '여러 단계의 대피 정보 중 어느 단계가 되면 대피하나'라는 질문서를 주고 이에 대한 대답을 받아두는 것이 유효하다고 한다. 개인적으로나 지역·조직에서 조기 早期 대피 타이밍과 기준을 '대피 스위치'로 스스로 설정해두는 것도 커미트먼트 수단으로 유효하다. 스위치 기준으로는 스스로 관찰 가능한 현상을 이용하는 것도 가능하다.

혹은 '지금 대피소에 가시면 숙소가 마련되어 있습니다', '지금 대피하지 않으면 대피소에서 받아주지 않습니다', '지금 대피하시면 식사나 음료수를 제공받을 수 있습니다'와 같이 '지금'이란 점을 강조한 안내 메시지를 흘리는 방법도 있다. 즉, 미룰 수 없는 상황을 만들거나 미루는 것 자체가 손해가 된다고 알려주는 것도 현재바이어스에 대한 처방 넛지로 쓰일 수 있다.

'사회규범'을 활용하는 넛지도 유효하다. 사람들은 다수파의 행동을 사회규범이라 생각하여 이에 따르는 경향이 있다. 이를 재해 시에 응용하면 '이미 대부분의 사람들이 대피했습니다'라고 안내함으로써 대피를 유도할 수 있게 된다. 실제로 히로시마현의 설문조사나 인터뷰 조사를 분석해보면, 사전에 대피한 사람들의 대부분은 '주변 사람들이 대피했다', '소방서에서 대피하라고 했다'는 것을 대피의 이유로 들고 있다. 대피를 유도할 때 '대부분의 사람들이 대피했다'라는 표현이 유효한 넛지가 되는 것이다. 다만 사람들은 위험을 느껴도 좀처럼 대피하려 하지 않기 때문에 이들 넛지를 그대로 사용하기는 어려운 것이 현실이다.

그러나 '주변 사람들이 대피하면 다른 사람들도 대피한다'는 사실을 공유의 지식common knowledge으로 하면, '내가 대피하면 다른 사람의 목숨을 살리게 된다', '내가 대피하지 않으면 다른 사람의 목숨이 위태롭게 된다'는 메시지도 유효해진다. 이와테현 가마이시釜石시에서는 ① 상정想定에 사로잡히지 말라[3], ② 그 상황에서 최선을 다해라, ③ 솔선하여 대피하라는 '대피 3원칙'을 내건 쓰나미 방재교육을 아이들에게 실시하여 큰 성과를 거둔 바 있다. 이 가운데 세 번째 원칙은 넛지로서 훌륭하다. 상기 3원칙의 제창자는 '스스로 솔선 대피자가 됨으로써 모든 사람의 목숨을 구할 수 있다'는 것의 진의를 설명한다. 실제로 가마이시시에서는 동일본 대지진[4]

---

3) 이는 예상하지 못했던 상황이 발생하더라도 당황하지 말고 각 상황에 맞춰 탄력적으로 대처하자는 취지로 이해된다.
4) 2011년 3월 일본 도호쿠東北 지방에서 발생한 일본 관측 사상 최대인 리히터 규모 9.0의 지진을 말한다. 가마이시시가 있는 이와테현 역시 도호쿠 지방에 속해 있다.

의 여파로 쓰나미가 발생했을 때 '한꺼번에 다 함께 대피하는 초·중학생을 보고 대피한 주민이 많았다. 솔선 대피자가 되었던 아이들은 주변 어른들의 목숨까지 구했다'는 것이다.

히로시마현에서 2019년에 실시한 설문조사 역시 '이 제껏 폭우 시에 대피 권고로 대피한 사람은 주변 사람들이 대피하기 때문에 나도 따라 했다고 하는 사람이 거의 전부였습니다. 당신이 대피하는 것은 다른 사람의 목숨을 건지는 것이 됩니다'라는 메시지가 주민들의 대피 의식을 향상시키는 데 크게 효과가 있다는 결과를 보여주고 있다.

세 번째 타입, 즉 손실회피 때문에 대피행동을 취하지 않는 사람에게는 어떤 넛지가 효과적일까. 그들에게 참조점은 대피하지 않고 살아가는 현재의 상황이다. 대피한다고 하는 손실을 확정하는 것보다 대피하지 않는다고 하는 위험에 걸어버린다. 이에 대한 대응은 대피하는 것을 손실이 아니라 이득이라 느끼도록 표현 방법을 바꾸는 것이다. 이득 국면에서는 많은 사람들이 안전한 것을 선택하기 때문이다. 즉, 그들에게 바람직한 넛지는 참조점을 바꿀 수 있는 메시지인 것이다.

미국에 허리케인이 상륙했을 때 도망치지 않겠다는 사람을 대피하도록 했던 효과적인 방법은 '자택에 잔류하는 사람은 몸에 매직펜으로 사회보장번호social security number를 적어주세요'라는 메시지였다고 한다. 이 메시지는 재해로 사망했을 때 신원 확인 수단이 필요하다는 것으로 받아들여졌다. 이때 사람들은 자신이 재해로 사망하는 상황을 상상하게 되므로 사망한 상태가 참조점이 된다. 이렇게 하면 대피하여 생존하고 있는 것은 손실이 아니라 이득이라고 느껴진다. 즉, 참조점이 최악의 상황으로 되어 있기 때문에 안전한 것(즉, 대피)을 선택할 수 있는 것이다. 일본이라면 '신체에 매직펜으로 주소와 이름을 써주세요'나 '신원을 확인할 수 있는 것을 몸에 부착해주세요'라고 전하는 것이 효과적일 것이다.

넛지는 위험한가?

넛지에 대해 부정적인 견해를 갖고 있는 사람도 많다. 넛지가 사람들의 선택을 특정 방향으로 유도하는 것을 위험시하는 것이다. 넛지는 선택의 자유를 확보하고 있을 것을 전제로 하지만, 선택에 영향을 주는 것은 사실이다. 이러한 영향이 사람들의 자유로운 선택을 왜곡하는 것 자체가 바람직하지 않다는 것이다. 넛지를 이용하려 하는 정부는 사람들이 자신을 위한 선택을 스스로 할 수 없다고 생각하여, 이들을 위해 선택에 영향을 주거나 선택을 수정하도록 제반 수단을 제공해야 한다고 생각한다. 이는 온정주의적 또는 가부장적 paternalistic 발상을 배경에 깔고 있는 것이다. 넛지에 비판적인 사람은 이처럼 선택의 자유에 제한을 가하는 정부의 온정주의적 정책에 반대한다.

넛지는 보이지 않는 곳에서 사람들을 조작하고 있는 것처럼 느껴지기 때문에 거부감을 갖는 사람도 있다. 예컨대 우리들의 의사결정은 디폴트(초기설정)에 크게 영향을 받기 때문에 디폴트 옵션을 넛지로 활용하는 것에 거부감을 갖는 사람도 있을 것이다. 그러나 애당초 우리들을 둘러싸고 있는 세상은 의도했든 의도하지 않았든 간에 디폴트 옵션을 필두로 하는 다양한 넛지로 넘쳐난다. 앵커링을 이용한 넛지에 비판적인 사람이라도 그들이 구입한 상품 중에는 처음에 눈여겨봐두었던 것이 있게 마련이다.

일본에서는 장기 제공에 관한 의사를 표시하는 경우 장기를 제공하지 않는 것이 디폴트로 되어 있다. 어떤 넛지를 선택하든 우리들은 그 선택 방법에 따라 판단도 영향을 받을 수 있다는 점을 염두에 둘 필요가 있다. 그런데도 온정주의가 사람들의 후생수준을 저하시키지 않는가, 자주성을 훼손하지 않는가 등의 의문을 제기하며 넛지에 반대하는 사람이 있을 것이다. 사람들의 후생수준을 저하시키는 이유로서 다음과 같은 의견이 있다.

첫째, 사람들의 기호가 다양한데 넛지가 이를 반영하지 못한다는 것이다. 둘째, 사람들은 잘못된 의사결정을 할지 모르나 이로부터 배우기도 하므로 넛지가 학습 기회를 뺏는 것은 바람직하지 않다는 것이다. 셋째, 넛지를 만드는 정부나 관료에게도 편견이나 바이어스가 존재한다는 것이다. 넷째, 넛지 덕분에 특정 제품을 좋아하게 되면 자유로운 시장경쟁에 영향을 주게 되므로 신제품·서비스 개발 의욕이 저하되어 최종적으로 소비자가 불이익을 당할지도 모른다는 것이다.

첫째 의견을 제시하는 사람들에게는 넛지가 선택의 자유를 보장한다는 대답을 하고 싶다. 즉, 넛지가 선호의 다양성을 반영하지 못하는 일은 없다. 다만 선택의 자유가 반드시 사람들의 만족도를 높이는 것으로 이어지지는 않는데, 그 까닭은 현재바이어스나 선택과잉 부하 등의 사례에서 보여준 바와 같다. 둘째로 넛지 때문에 학습 기회를 빼앗긴다고 하는 것은 일생에 자주 일어나지 않을 의사결정에는 타당하지 않은 비판이다. 특히 넛지가 정보나 학습 기회를 제공하는 경우에는 문제가 없다.

세 번째의 정부나 관료의 바이어스 문제에 대해서는 이들이 넛지를 이용할 때 투명성과 설명 책임을 부과함으로써 대응해야 한다. 네 번째로 시장 경쟁을 왜곡한다고 하는 문제에 대해서는 다음과 같이 대답할 수 있다. 즉, 공해와 같은 외부성이나 수요·공급의 독점에 의해 시장이 실패하는 경우에는 시장 경쟁을 중시하는 전통경제학에서도 정부의 개입이 정당화되어왔다. 넛지는 시장이 실패하는 경우에 외부성을 감경하거나 시장 경쟁을 촉진하는 등의 형태로 도입되어야 하는 것이지 자유로운 시장 경쟁과 대립하는 것은 아니다.

온정주의적 정책이 사람들의 자주성을 상실케 한다고 하는 비판에 대해서는 어떤가. 넛지는 원래 선택의 자유를 보장하는 것으로서 자주적 의사결정에 반하는 것이 아니다. 그러나 넛지 가운데 디폴트 옵션은 자주적으로 선택할 기회를 줄인다는 비판이 있을지 모르겠다. 이러한 비판에 대해 주의를 요하는 것은, 본디 우리들은 일상생활을 하면서 모든 것에 대한 정보를 갖고 의사결정을 하지는 않는다는 점이다. 많은 경우 누군가가 이미 결정한 의사를 추종하거나 단순히 규칙이나 관습에 따르거나 한다. 이와 같은 일종의 디폴트 옵션에 따름으로써 시간이나 에너지를 절약한다. 그런 과정을 통해 더 중요한 문제를 생각할 때 자주적인 의사결정이 가능해지는 것이다.

제3장
일 속의 행동경제학

1. 세 가지 사례

알바의 근무시간을 어떻게 배분할 것인가

야구장에서 일주일간 주스를 판매하는 아르바이트를 하게 되었다고 하자. 급여는 판매액에 비례한다. 고용주는 "주 5일 합계 20시간을 채우되 근무시간은 마음대로 정하세요. 근무시간은 그날그날 정해서 알려주면 됩니다. 알바생의 1일 평균 판매액은 4만 엔입니다"라고 일러준다. 그 기간 동안 다른 일은 예정에 없다. 이러한 상황에서 당신은 근무시간을 어떻게 배분할 것인가? 다음 문항 중에서 선택하시오.

A 매일 4시간 근무
B 판매액 4만 엔을 매일의 목표로 하여 이를 달성할 때까지 매일 근무
C 판매액이 많아질 것 같은 날에 많은 시간을 배분

날씨나 경기 상황에 따라 판매액이 변할 것이므로 판매액의 변동은 랜덤(확률변수)하다고 하자. 이때 판매액

이 가장 많을 것으로 기대되는 근무 방법은 C이다. 합계 20시간이라는 제약이 있으므로 판매액이 많은 날에 오래 일하고 판매액이 적은 날에 조금만 일하는 것이 자신의 총 판매액을 최대로 할 수 있다. 매일 4시간 일하는 A가 그다음이고, B와 같이 목표를 고정적으로 설정하는 것이 판매액을 가장 적게 한다. 잘 안 팔리는 날에 목표를 달성하겠다고 장시간 일해버리면 20시간이란 제약에 걸릴 수 있어 오히려 잘 팔리는 날에 조금밖에 일하지 못하게 된다.

그러나 C와 같은 근무 방법에는 함정이 있다. 매일 그날의 판매액이 적을 것 같다고 판단하여 결국은 예정된 근로시간을 마지막 날까지 채우지 못할 가능성이 있기 때문이다. 즉, 각 시점에서 최선의 선택을 하지 않고 현재바이어스에 따라 일을 미뤄버릴 우려가 있다는 것이다. B는 20시간 일하는 것으로는 가장 효율이 나쁜 근무 방법이다. 주스가 잘 팔리지 않는 날에는 장시간 일하고, 잘 팔리는 날에는 빨리 목표를 달성하여 일찌감치 일을 끝내버린다. A는 B와 C의 중간에 있다.

택시운전사의 행동 예측

비 오는 날에는 택시 잡기가 어렵다. 택시 공급에는 변화가 없는데 수요가 늘기 때문이다. 그러나 승객이 는다는 것은 택시운전사에게는 시간당 임금이 오르는 것이므로 평상시보다 장시간 일해도 좋기 마련이다. 그렇다면 비 오는 날에는 택시운전사의 노동 공급이 늘어도 이상할 것이 없다. 이와 같은 택시운전사의 행동은 전통경제학의 예측과 상응하는 것일까.

참조점이 노동 공급에 영향을 미친다고 하는 행동경제학적 예측을 실제 데이터를 이용해 증명한 연구로서 가장 널리 알려진 것은 뉴욕 택시운전사의 근무 형태에 관한 분석이다. 임금이 오르면 노동시간을 늘리는 것이 경제학의 기본적인 가설인데, 이 가설을 실제 데이터로 검증하는 것은 의외로 어렵다. 많은 노동자들은 매일 몇 시간 일할까를 스스로 정한 바 없거니와 생산성이나 임금도 매일 변동할 까닭이 없기 때문이다.

하지만 택시운전사가 실질적으로 받는 시간당 임금은 날씨, 지하철 고장, 요일, 휴일, 회의 개최나 콘서트와 같은 이벤트 유무 등 다양한 외생적 요인에 의해 매일 변하는 데다, 택시운전사는 어느 정도 그날그날의 노동시간을 스스로 정할 수 있다. 택시회사나 개인택시에서 미터 요금이 수요에 따라 변하지는 않지만 택시운전사가 승객을 찾아다니는 시간은 매일 변한다. 빈 차로 달리는 시간이 줄어들면 시간당 임금은 오르는 것이다.

특히 스마트폰을 이용한 택시 배차 서비스인 우버Uber에서는 택시요금이 수요에 따라 변한다. 전통경제학에 따르면 임금이 매일 변할 경우 택시운전사는 시간당 임금이 높은 날에는 장시간 일하고, 낮은 날에는 일찍 일을 마칠 것으로 예상된다.

이는 하루 이상의 시간적 시야를 갖고 있는 노동자를 상정하면 자연스러운 행동이다. 예를 들어 오늘 하루만 임금이 오르고 내일부터는 어제와 같은 임금을 받는다고 하자. 이때에는 오늘 노동시간을 늘리고 여가시간을 줄임으로써 오늘 받게 될 소득이 높아진다. 그리고 내일부터는 노동시간을 단축하고 여가시간을 늘린다. 미래의 여가를 늘림으로써 현재의 여가를 줄이는 식의 대체가 가능하다면 전체 여가로부터 오는 만족도는 그리 변하지 않는다.

즉, 주 단위나 월 단위의 총 노동시간은 변하지 않더

라도 시간당 임금이 높을 때에는 오래 일하고 낮을 때에는 일을 덜 함으로써 소득 금액을 증가시킬 수 있는 것이다. 경제학적으로 표현하자면 이는 임금 쇼크가 일시적인 관계로 소득 효과는 발생하지 않고 대체 효과만 발생하기 때문이다. 소득 효과란 소득이 높아지면 여가를 즐기고 싶은 마음이 생겨 노동시간이 줄어들게 됨을 의미한다.

한편 오늘 임금이 상승한 다음 내일 이후로도 그 수준이 지속되는 항구적 임금 쇼크가 발생하는 경우를 생각해보자. 이때에는 오늘 오래 일해야겠다고 서두르는 사람이 별로 없을 것이다. 이는 항구적인 임금 상승에 의해 생애임금 수준이 높아지므로, 풍요로워진 부분만큼 여가를 즐기고자 하는 소득 효과가 발생하여 노동 공급을 줄이는 영향이 생기기 때문이다.

결국 전통경제학에 따르면 시간당 임금이 랜덤하게 변하는 택시운전사는 동 임금이 높을 때보다 오래 일할 것으로 예상된다. 따라서 택시운전사의 시간당 임금과 노동시간 간에는 당연 양(+)의 상관관계가 관찰될 것이다. 연구자들은 뉴욕 택시운전사의 근무 데이터를 이용하여 이러한 예상이 들어맞는지 여부를 실증적으로 분석하였다. 하지만 분석 결과, 대부분의 경우에서 임금이 노동시간에 마이너스 영향을 주는 것으로 나타났다. 즉 택시운전사는 시간당 임금이 높은 날에는 일을 빨리 마치는 것이다. 특히 운전 경력이 짧은 운전사의 경우에는 임금이 1%포인트 올라가면 노동시간도 1%포인트 줄었다.

행동경제학으로 해석하면

이상의 결과는 전통경제학의 예상과는 다르지만, 연구자들은 이를 행동경제학의 범주에서 다음과 같이 해석하고 있다. 첫째, 운전사가 하루 단위의 시간적 시야를 가지고 있다고 한다면, 이는 전통경제학에서 상정하고 있는 것보다 짧을 가능성이 있다. 어떤 날에 일시적으로 임금이 상승했어도 운전사의 시간적 시야가 하루에 지나지 않는다면 소득 효과가 발생할 수 있고 이것이 대체 효과를 상회한다면 이상의 결과가 설명될 수 있는 것이다[1]. 둘째, 참조점의 영향이다. 택시운전사가 하루치 목표소득을 설정하여 이를 참조점으로 삼는 경우이다. 택시운전사는 참조점보다 소득이 낮으면 손실이 발생했다고 느껴 만족도가 크게 떨어지고, 참조점보다 높으면 만족도는 다소 오른다고 생각한다. 이때 택시운전사는 소득이 참조점에 도달한 시점에서 일을 끝낼 가능성이 높다. 즉, 시간당 임금이 높으면 참조점에 빨리 도달하고 반대이면 늦게 도달한다. 시간당 임금과 노동시간 간의 음(-)의 상관관계가 설명되는 것이다.

셋째, 택시운전사는 자기 마음대로 휴게시간을 정할 수 있으므로 시간당 임금을 계산할 때 오차가 생긴다. 이 오차가 임금과 노동시간 간의 관계에 영향을 줄 가능성도 있다. 그렇다면 시간당 임금을 사용하지 않고 택시운전사의 행동을 분석할 수 있는 방법은 없을까. 목표로 하는 소득이 있고 이것이 참조점으로 되어 있다

---

1) 여기서 이상의 결과란 임금의 상승이 노동 공급의 감소로 이어짐을 말한다. 반면 전통경제학의 예상에 따르면 임금이 상승하면 노동 공급도 증가한다. 소득 효과란 임금의 상승이 여가 수요를 부추겨 노동 공급을 감소시키는 것을 말한다. 대체 효과란 1일 이상의 시간적 시야를 가진 사람에게는 오늘의 여가(또는 노동)와 내일의 여가(또는 노동)가 대체관계에 있어, 오늘 일시적으로 임금이 상승하면 오늘 노동 공급을 증가(즉, 오늘 여가 수요 감소)시키고 내일은 쉰다(즉, 노동 공급 감소 및 여가 수요 증가)는 의미를 지닌다. 따라서 소득 효과가 대체 효과를 상회한다는 것은 임금 상승에 의한 노동 공급 감소 효과가 임금 상승에 의한 노동 공급 증가 효과보다 큼을 의미한다.

고 한다면 굳이 오차 문제가 있는 시간당 임금을 사용하지 않아도 직접적으로 행동경제학 가설을 검증할 수 있다.

예컨대 시간당 임금 대신 하루 동안 벌어들인 누적소득금액을 사용하면 어떨까. 이와 관련하여 그날그날의 목표소득이 참조점으로 되어 있다면 누적소득금액이 높아질수록 일을 끝낼 확률이 높아진다는 가설을 검증한 연구자도 있다. 이 가설을 검증한 결과, 일을 끝낼 확률은 누적소득금액과는 관계가 없지만 하루 동안 일한 누적노동시간에 의존한다는 사실이 밝혀졌다. 즉, 목표소득이 참조점으로 되어 있다는 가설은 기각되었다.[2]

한 걸음 더 나아가 목표소득이 미리 정해진 것이 아니라 매일 변하는 확률변수(즉, 랜덤 쇼크)인 경우를 상정해보자. 이 경우 택시운전사가 그날그날의 목표소득에 도달하면 일을 끝낼 확률이 높아진다고 하는 가설을 설정할 수 있다. 이 가설을 데이터를 이용해 검증해본 결

---

2) 상기 가설은 A(목표소득이 참조점) → B(누적소득금액이 높아질수록 일을 끝낼 확률이 높아진다)의 형식을 취하고 있다. 그런데 검증 결과는 ~B(즉, 일을 끝낼 확률과 누적소득금액과는 관계가 없음)로 나타난바, 이때는 논리 구성상 ~B → ~A(즉, 목표소득이 참조점이 아님)가 성립해야 한다. 따라서 엄밀히 말하면 목표소득이 참조점으로 되어 있다는 가설이 기각된 것이 아니라 목표소득이 참조점으로 되어 있다는 가정이 잘못된 것으로 드러난 것이고, 누적소득금액이 높아질수록 일을 끝낼 확률이 높아진다는 (좁은 의미의) 가설이 기각된 것이다.

과, 일을 끝낼 확률은 목표소득의 영향을 받긴 하지만 목표소득의 일일 변동 폭이 크면 대부분의 택시운전사는 목표소득에 도달하기도 전에 일을 끝내고 있음이 드러났다.

목표소득에 도달하기도 전에 일을 끝내는 택시운전사가 매우 많다는 것은 목표소득이 실제로는 노동 공급에 그다지 영향을 미치지 않음을 시사한다. 즉, 목표소득의 일일 변동 폭이 크다는 것은 노동 공급이 주로 랜덤 쇼크에 의해 결정됨을 시사하는 것으로, 이때는 목표소득 가설로 노동 공급의 정도나 일을 끝낼 확률을 설명하는 것 자체가 어려워진다.

택시운전사에 대한 행동경제학적 연구는 여기서 끝나지 않는다. 또 다른 연구자들은 동일한 데이터를 이용해 전통경제학과 행동경제학을 절충한 모델도 추정하고 있는데, 이는 택시운전사가 목표소득과 실제 소득의 차이뿐만 아니라 목표한 노동시간과 실제 노동시간의 차이도 감안하여 이들 모두로부터 만족감을 얻는지를 살펴보려는 것이다. 그들은 택시운전사가 근무일의 전반前半 상황을 관찰하여 목표소득과 목표노동시간 양쪽 모두를 합리적으로 설정한다고 상정하여 이 모델을 추정하였다. 그 결과 택시운전사는 이 두 가지 가운데 어느 쪽이든 상관없이 목표를 달성하면 일을 그만둘 확률이 높아지며 이때 참조점은 매우 안정적임을 보여주었다. 즉, 이 모델은 택시운전사의 행동이 참조점에 의존한다고 하는 전망 이론과 정합적임을 시사하고 있는 것이다.

프로골퍼의 손실회피

참조점에 의존한 의사결정이나 시간적 시야가 짧은 의사결정을 하는 사람은 그보다 긴 시간적 시야를 갖고 참조점을 무시하며 의사결정을 하는 사람에 비해 장기적인 이득이 적어진다. 택시운전사에 관한 연구에서도 전통경제학과 다른 행동을 하고 있던 것은 경력이 짧은 운전사뿐이었다. 그렇다면 어떤 분야에서든 톱클래스의 생산성을 자랑하는 노동자에게서는 행동경제학적 특성이 관찰되지 않는다는 것인가. 이에 대한 대답은 노No이다.

톱 프로골프 선수에게서도 손실회피 행동이 관찰됨을 밝힌 연구가 있다. 이 연구에서는 미국 프로골퍼 데이터를 사용하여 손실회피로 말미암은 바이어스의 존재가 명확히 드러난다. 프로골프 토너먼트는 18홀을 4일간 플레이하여 누적 타수가 가장 적은 선수에게 우승 트로피를 안겨준다. 시간적 시야는 72홀이지만, 매 홀마다 기준이 되는 타수를 나타내는 파par가 정해져 있기 때문에 선수들은 파를 참조점으로 간주하여 이보다 많은 타수를 기록하면 손실로 여기는 경향이 있다. 반대로, 파보다 1타 적은 타수로 홀에 넣는 버디birdy나 2타 적은 타수의 이글eagle은 이득이라고 생각한다. 파보다 1타 많은 스코어로 홀인하는 보기bogey나 2타 많은 더블보기double bogey는 손실이다. 그러나 72홀 전체 타수를 최소화하면 되므로 매 홀마다 이득과 손실을 생각할 필요는 없다.

만일 프로골퍼마저 파보다 타수가 높은 보기를 손실로 여긴다면 파에 실패하는 것을 피하려 할 것이기 때문에, 파 퍼트 때의 집중력은 다른 퍼트 때에 비해 높아질 것이 분명하다. 연구자들은 그린 위에 놓여 있는 골프공으로부터 홀까지의 거리 등 다양한 조건을 컨트롤하여 이들 조건을 동일하게 두어도 파 퍼트 성공률이 버디 퍼트 성공률보다 높음을 보여주었다. 톱클래스의 프로골퍼라고 해도 손실회피에 의한 바이어스로부터 벗어날 수 없음을 보여준 것이다. 골퍼에게는 버디 퍼트이든 파 퍼트이든 동일한 만큼의 집중력으로 퍼팅을 하는 것이 성적을 올리는 것임에도 말이다.

이 연구에서 한 가지 더 흥미로운 것은 버디 퍼트에서는 파 퍼트에 비해 홀에 미치지 못하는 짧은 퍼팅을 하여 미스를 범하는 경우가 많음을 보여준 점이다. 사람들은 통상 짧게 퍼팅하는 것이 안전하다고 생각한다. 이렇듯 버디 퍼트에서는 안전책을 취하기 마련인데, 이는 이득 국면에서는 도박을 하지 않더라도 손실 국면에서는 십중팔구 과감해지는 손실회피 행동과 정합적이다.

그렇다면 이처럼 손실회피 경향이 강한 프로골퍼는 상금 획득 경쟁에서 뒤처지는 일이 많은가. 상기 연구의 추정 결과에 따르면 손실회피 경향은 상금 랭킹이 높은 선수에게도 낮은 선수에게도 공통적으로 관찰된다.

프로골퍼의 손실회피를 더욱 직접적으로 관찰한 연구도 있다. 페블비치 골프링크와 오크몬트 컨트리클럽은 모두 명성 있는 골프대회인 US오픈이 개최된 바 있는 미국의 유명 골프장이다. 페블비치 골프링크는

2000년 이후 2번 홀을 기존의 파5에서 파4로 변경했다. 오크몬트 컨트리클럽 역시 9번 홀을 파5에서 파4로 바꿨다. 이들 골프장은 그 어디도 코스 디자인을 변경하지 않았음에도 US오픈에서 선수들의 퍼팅 스트로크 수는 파4로 바뀐 후로 줄어들었다. 이는 톱 프로선수라 하더라도 '파'라고 하는 기준을 참조점으로 하고 있음을 명확하게 보여주는 것이다[3].

2. 피어 효과

우수한 동료가 들어오면

당신의 직장에 생산성이 높은 동료가 들어왔다고 하자. 당신의 생산성은 어떻게 변할까. 만약 팀 단위로 일을 하고 있었다면 당신은 조금 손을 놓아도 그 우수한 동료 덕분에 지금까지와 같은 성과를 낼 수 있을지 모

---

3) 파5든 파4든 일단 그린에 올라온 공을 퍼팅하여 홀에 집어넣을 가능성은 동일하다. 하지만 공을 그린에 올리기까지의 과정에서 실수가 있으면 파4에서는 파5에 비해 파를 기록하기가 어려워지므로, 파4는 파5에 비해 좀 더 집중력 있는 퍼팅을 요한다.

르겠다. 반대로 당신이 생산성을 올릴 가능성도 있다.

첫째, 당신은 무의식적으로 우수한 동료가 일하는 모습을 참조점으로 삼아 그의 생산성을 따라잡으려고 노력할지도 모른다. 타인의 생산성이나 노력 수준이 참조점으로 되어 있는 경우, 자신의 생산성이나 노력 수준이 그에 미치지 못하면 손실을 느낀다. 이때에는 타인의 노력 수준이 높아지면 자신의 노력 수준도 높아진다. 둘째, 당신이 호혜적인 선호를 갖고 있는 경우에도 당신은 노력하게 될지 모른다. 생산성이 높은 동료 덕분에 직장 전체가 혜택을 받고 있으면 그에 보답하고 싶어지기 때문이다.

셋째, 사회적 압력social pressure을 느끼는 효과 때문에 노력하게 될 가능성이 있다. 생산성이 낮은 노동자는 생산성이 높은 노동자와 비교하면서 자신의 생산성이 낮은 것에 대해 수치심을 느낄지도 모른다. 혹은 동료 사이에 평판이 나빠지는 것을 막기 위해 생산성을 향상시킬 가능성도 있다. 넷째, 생산성이 높은 노동자로부터 지식이나 기술을 배움으로써 당신의 생산성이 높아질 가능성도 있다. 이렇듯 동료가 다른 노동자의 생산성에 미치는 영향을 '피어 효과(동료 효과)'라 한다.

현실의 데이터를 이용하여 피어 효과를 실증·분석하기 위해서는 자신의 생산성과 동료의 생산성을 특정할 필요가 있다. 피어 효과가 존재할 경우에는 동료로부터의 효과와 자신으로부터 동료에 대한 효과가 병존하기 때문에 동료로부터의 영향만을 식별하는 것도 필요하다. 이들 과제를 해결한 연구가 다소 존재한다.

슈퍼마켓의 계산대 담당

미국 슈퍼마켓 체인점의 계산대 담당 종업원에 관한 대규모 데이터를 이용하여 피어 효과를 측정한 연구가 있다. 같은 시간대 같은 점포에서 계산대를 담당하고 있는 종업원들의 정보를 이용하여 동료의 생산성이 높으면 그 시간에 일하고 있는 종업원 각 개인의 생산성도 상승하는 것을 보여주는 것이다. 이 연구의 추정 결과에 따르면 동료의 생산성이 10% 상승하면 그 직장의 다른 종업원의 생산성은 1.5% 상승한다. 흥미 깊은 것은 피어 효과가 발생하는 이유이다.

슈퍼마켓 계산대에서는 종업원이 앞뒤로 늘어서서 일을 하고 있다. 당신이 계산대 담당이라고 하자. 당신은 자신의 앞에 있는 동료의 일하는 모습을 관찰할 수가 있다. 한편 자신의 뒤에 있는 동료로부터는 당신의 일하는 모습이 관찰된다. 당신이 더욱 긴장하여 계산대 작업을 하는 경우는 눈앞에 있는 동료의 생산성이 높을 때인가, 아니면 뒤편에 있는 동료의 생산성이 높을 때인가.

연구 결과는 생산성이 높은 동료에게서 자신의 일하는 모습이 관찰되는 경우에 생산성이 높아지고, 자신이 생산성이 높은 동료를 보고 일하는 경우에는 자신의 생산성이 영향을 받지 않는다는 것이었다. 게다가 이와 같은 피어 효과는 자신의 뒤편에 있는 노동자의 생산성이 높다는 것을 처음부터 알고 있는 경우에만 관찰된다. 즉, 이는 등 뒤로부터 생산성 높은 노동자의 시선을 느끼는 것이 사회적 압력으로 작용하여 노력 수준이 높아진다는 가설과 정합적이다. 만약 동료의 생산성이 참조점으로 되어 있다면 동료의 일하는 모습을 보는 것만으로 자신의 생산성은 변화될 것이 분명하다.

상기 계산대 작업의 경우는 쇼핑객의 회계작업을 팀 단위로 행한다는 의미에서 팀 생산 시 동료로부터의 사회적 압력이란 루트를 통해 피어 효과가 발생하는 사례를 연구한 것이다. 다만 이 연구 결과를 생산성 향상을 위해 실무에 응용하는 것은 꽤 어렵다. 계산대 담당자로는 시간제근무 노동자를 채용하는 경우가 많은 데다 교대근무시간을 변경하는 일도 있다. 회사 입장에서는 생산성이 높은 순으로 노동자를 배치하기 위해 채용 방식과 근무 형태를 항상 바꿀 필요가 있기 때문이다.

수영 경기의 타임결승

팀 생산과 달리 노동자가 상호 경쟁적인 상황에 처해 있는 경우에는 타인의 생산성에 기댄다고 하는 무임승차free riding의 여지가 없다. 이런 경우에는 긍정적인 피어 효과가 부정적인 피어 효과보다 쉽게 관찰될 수 있지 않을까. 일본의 연구자들은 경쟁적인 환경에 있는 사람이 주위의 영향에 의해 노력 수준을 변화시킬지 여부를 수영 경기 데이터베이스DB를 이용해 분석하였다.

그들이 이용한 것은 일본 초등부~고등부 수영대회의 100m 자유형 및 배영 타임결승 데이터이다. 수영대회는 올림픽 경기와 같이 예선, 준결승, 결승을 통해 살아남은 최종 승자를 정하는 대회와 몇 개 리그로 분리된 선수들이 모든 리그에서 기록한 시간 가운데 가장 빠른 기록을 낸 사람을 우승자로 하는 '타임결승'이 있다. 타임결승 제도하에서는 동시에 헤엄친 그룹은 베스트 타임이 비슷한 선수들로 구성되어 있지만, 동시에 헤엄친 선수만이 직접적인 경쟁 상대는 아니다. 우승하기 위해서는 근처에서 헤엄치는 선수(피어)의 실력과는 관계없이 최대의 노력을 쏟아 부어야 한다. 그런 의미에서 타임결승에서는 함께 헤엄친 피어가 누구이건 전력을 다해야 하는 인센티브가 선수들에게는 있다. 그럼에도 불구하고 선수들은 피어의 영향을 받을 것인가.

수영경기 DB는 각 선수의 과거 최고기록, 참가 종목 및 대회명, 경기장의 영향 등에 관한 데이터를 컨트롤할 수 있게 되어 있다. 자유형에서는 양쪽 레인의 선수가 어느 위치에 있는지 확인 가능하지만, 배영에서는 그렇게 하는 것이 불가능하다. 따라서 피어의 상태를 관찰할 수 있는지 여부가 자신의 노력 수준에 영향을 미치는지를 검증할 수 있다. 또한 초등부~고등부 수영대회에서는 기권하는 선수도 있어 양쪽 레인에 선수가 없는 상황도 발생하기 때문에 피어의 존재가 자신의 노력 수준에 어떤 영향을 미치는지도 검증할 수 있다.

100m 자유형 데이터를 이용한 연구 결과는 다음과

같다. 선수들은 자신보다 느린 선수가 옆 레인에 있을 때에는 양쪽 레인에 아무도 없을 때보다 빨리 헤엄치지만, 자신보다 빠른 선수가 근처에 있으면 혼자 헤엄칠 때보다도 늦어져버린다. 그런데 양쪽 레인의 선수 상태를 볼 수 없는 100m 배영의 경우에는 피어 효과가 관찰되지 않는다. 이들 결과는 근처 레인에서 헤엄을 치는 선수의 스피드가 참조점으로 작용하여 최고 기록이 별로인 선수에게 지는 것이 손실로 느껴지는 손실회피 가설과 정합적이다.

이 연구는 수영대회라는 경쟁적 환경에서의 피어 효과만을 검증한 것으로, 연습을 함께 하는 것에서 발생하는 동료로부터의 학습 효과 등과 같은 장기적인 영향은 분석되어 있지 않다. 다만 같은 연구자들은 수영선수가 소속팀을 변경하여 새로운 팀으로 이적한 경우, 이적한 팀에 기존에 소속되어 있던 선수들의 성적에 미치는 영향은 물론 함께 연습하는 것으로부터 오는 피어 효과를 분석한 바 있다. 그 결과, 우수한 선수가 새로운 팀에 이적해오면 그 팀에 전부터 있던 선수들의 기록이 향상되는 것으로 나타났다. 수영 경기에는 노력이나 기술의 향상을 통한 긍정적인 피어 효과가 존재하는 것 같다.

제4장
일을 미루는 행동

1. 임금에 대해 생각한다

참조점의 효과

'<사례 1> 물가가 2% 올랐을 때 당신의 임금은 1% 인상되었다'와 '<사례 2> 물가가 2% 내렸을 때 당신의 임금은 1% 삭감되었다'의 두 가지 경우 가운데 당신은 어느 쪽이 더 기쁩니까.

<사례 1>에서처럼 임금이 올랐을 때가 기쁠지도 모르겠다. 그런데 생활수준의 변화는 명목임금 상승률에서 물가상승률을 뺀 실질임금의 변화율로 나타낼 수 있다. 실질임금의 변화율은 <사례 1>에서는 마이너스 1%이고 <사례 2>에서는 플러스 1%이므로 당신의 생활수준이 향상된 것은 <사례 2>의 경우이다. 그렇긴 하지만 임금이 삭감되는 것보다는 임금이 인상되는 것을 기쁘게 생각하는 심정도 이해가 간다.

잘 알려져 있는 바와 같이 임금은 물가가 하락하는 디플레이션이나 실업률이 높아지는 불황하에서도 내려가기 어렵다. 이런 일이 생기는 첫 번째 이유는 현재의 명목임금 수준이 참조점으로 되어 있어 이것보다 낮

아지는 것을 손실로 간주해버리는 데에 있다. 물가수준이 하락하고 있어도 명목임금이 떨어지기 어려운 또 다른 이유로는 임금이 삭감되면 노동자가 기업에 대한 신뢰를 잃어버린다고 하는 사기 저하morale down를 꼽을 수 있다. 임금 삭감에는 이러한 효과가 있어서, 실제로 불경기 때 임금을 낮추지 않는 대신 경기가 좋아져도 임금을 올리지 않는 기업이 왕왕 존재한다.

전통경제학에 의한 연공임금의 설명

일본의 많은 기업들은 신입사원 시절에는 임금이 낮고 근속기간이 길어질수록 임금이 오르는 연공임금 제도를 채택하고 있다. 연공임금에 대한 비판은 임금 수준과 생산성 간의 괴리, 즉 생산성이 높은 젊은 사원의 임금이 낮고 생산성이 낮아진 정년 직전 사원의 임금이 높다는 데에 초점이 맞춰져 있다. 연령과 함께 임금이 올라가는 구조로 되어 있어 인구 고령화 추세에도 고령자 고용이 진척되지 않는 배경이 된다. 연공임금도 실은 행동경제학으로 설명될 수 있다.

행동경제학으로 연공임금을 설명하기 전에 전통경제

학에서는 연공임금을 어떻게 설명하고 있는지 소개해 두기로 하자. 전통경제학에서는 다음 세 가지 방법으로 연공임금을 설명해왔다.

첫째, 인적자본론을 통한 설명이다. 즉, 노동자는 기업에 들어가서부터 경험을 쌓고, 현실에 부딪쳐가면서 상사나 선배로부터 일을 배우며, 연수를 받거나 함으로써 생산성이 올라가므로 그만큼 임금도 높아진다는 것이다. 말하자면 연공임금에는 생산성의 상승이 반영되어 있다는 발상이다.

둘째, 젊을 때는 생산성보다 낮은 임금을 지급하고 연령이 높아지면 생산성 이상의 임금을 지급한다는 인센티브 가설이다. 나이가 많은 사람이 생산성보다 높은 임금을 받고 있는데 어찌하여 노동 의욕을 고취하는 효과가 있는 것일까. 여기에는 게으름을 피우고 있는 것이 발각되면 해고된다고 하는 구조가 배경에 있다. 젊을 때 생산성보다 낮은 임금밖에 못 받고 있기 때문에 정년까지 일하지 않으면 본전을 뽑지 못한다. 만일 게으름 피우다 도중에 해고되면 생산성보다 낮은 임금을 받은 채로 끝나버리게 되므로 태만에 빠지지 않도록 계속 일하려고 노력하게 된다. 징계해고 시 퇴직금을 지급하지 않는 제도도 이와 같은 기능을 한다.

셋째, 근속연수가 길어지면 생산성이 높은 사람만이 기업에 남게 되므로 그만큼 근속연수가 긴 사람들의 임금도 높아진다는 선택가설selection hypothesis이라 불리는 것이다. 각각의 노동자에게 어떤 직장에서 일하는가는 적성에 따라 다르므로 생산성도 직장과의 궁합에 의해 좌우된다. 이 가설은 직장과 궁합이 맞지 않는 사람은 서서히 그 직장을 떠나게 된다는 발상을 배경으로 하고 있다.

행동경제학에 의한 연공임금의 설명

행동경제학에서는 다음과 같이 연공임금을 설명한다. 현재의 임금수준을 참조점이라 한다면 우리들은 임금 상승을 이득, 임금 하락을 손실로 느끼므로, 계속 임금이 오르는 제도가 임금 하락 가능성이 있는 제도에 비해 종업원의 만족도가 높다는 것이다.

이를 설문조사를 통해 밝힌 연구가 있다. 연구자들은 시카고 과학산업박물관에서 일하는 80명의 성인을 대상으로 6년간 임금 총액은 같으나 매년 균등, 매년 감소, 매년 증가를 포함한 일곱 종류의 임금 프로파일을 제시하여 좋아하는 순서를 물어보았다. 전통경제학에서는 같은 금액이라면 장래에 받을 돈보다 현재 받을 돈을 좋아한다고 상정하는 경우가 많다. 참고로 장래 받을 것을 현재 받는다고 할 때 그 가치가 얼마나 되는지 나타낸 것을 현재가치present value라고 한다. 수학적으로 표현하자면 현재가치는 장래의 가치를 시간할인율로 나눈 것에 해당한다.

일곱 종류의 임금 프로파일을 현재가치로 평가해보자. 현재가치가 가장 높은 것은 현재의 임금수준이 최대이고 그 후 감소해가는 타입의 프로파일이다. 그러나 실제로 현재가치가 가장 큰 프로파일을 선택한 사람은 7.3%에 지나지 않았다. 많은 사람들은 현재가치가 낮은데도 매년 임금이 상승해가는 패턴을 선택했던 것이다. 임금 대신 임대수입의 수령 패턴에 관한 선호를 조사한 바에 따르면, 현재가치가 최대인 것을 선택하는 비율은 23.1%로 임금의 경우보다는 약간 높아진다. 이와 유사한 설문조사를 실시한 일본의 다른 연구에서도 유사한 결과가 나온다.

현재가치가 낮음에도 임금이 상승해가는 패턴을 선

택하는 이유로는 현재의 임금수준이 참조점이 되어 임금이 감소해가면 손실이라 느낀다거나 현재 임금을 많이 받으면 현재바이어스 때문에 돈을 헤프게 쓰게 된다는 점 등이 거론된다. 연공임금이 커미트먼트 수단으로 활용되는 것도 그 때문이다.

2. 바이어스에 착안한다

실업기간을 줄인다

현재바이어스는 구직활동을 지연시켜 실업기간을 장기화하는 것과 관련이 있을지도 모르겠다. 미국의 청소년종단조사National Longitudinal Survey of Youth에서 실업기간과 취직을 결정한 시점의 임금 정보를 이용하여 구직자의 현재바이어스가 어느 정도 큰지를 살펴본 연구가 있다. 이 연구에서는 중·저임금 노동자의 경우 현재바이어스가 상당히 큼을 보여주고 있다. 현재보다는 장래에 취직하는 것을 중시한 나머지 구직계획은 세울 수 있지만 지금 직장생활을 하는 것보다는 좀 더 즐기는

데 시간을 할애하여 구직활동을 미뤄버리는 경향이 있다는 것이다.

이 연구에서는 실업기간을 줄이는 데 효과가 있는 정책이 무엇인지를 찾아보기 위해 행동경제학을 기반으로 시뮬레이션을 시행했다. 그 결과, 현재바이어스가 있는 노동자에 대해서는 구직활동을 하고 있는지 여부를 체크하거나 재취업 지원을 하는 것이 유효한 것으로 나타났다.

체질상 미래를 중시하지 않는 사람은 구직활동을 하지 않고 실업급여에 의존해 살다가 실업급여 기간이 끝나면 손쉽게 찾아지는 저임금 직장에 취업해버린다. 한편 현재바이어스가 강한 사람은 구직활동을 하여 고임금의 좋은 직장에 취업하고 싶다는 생각은 해도 구직활동 자체를 미루기 일쑤다. 그 결과 실업기간이 길어져 저임금 직장에 취업하기는 마찬가지다. 어느 쪽도 결과만을 보면 똑같지만, 현재바이어스가 원인이 되어 실업기간이 길어지는 경우에는 미루기를 어렵게 하는 환경을 만드는 것이 효과적일 것이다.

시간할인율이 높아 현재를 중시하는 사람이나 구직활동을 미루는 사람은 실질적으로 취업 기회가 줄어들기 때문에 결과적으로는 그다지 임금이 높지 않고 쉽게 구할 수 있는 일을 선택할 가능성이 높다. 실제로 일본의 데이터를 이용한 연구에서도 현재바이어스를 가지고 있거나 장래보다 현재를 중시하는 정도가 높은 노동자는 파견직 근로를 선택하기 쉽다는 결과가 도출된다. 파견직은 정규직에 비해 적극적으로 구직활동을 하지 않아도 쉽게 찾아지는 반면, 장래 임금 상승 가능성이 낮거나 고용기간이 짧은 경우가 많다. 이는 불안정한 직군에 취업하기 쉬운 노동자를 줄이기 위해서는 노동자의 행동경제학적 특성을 고려한 정책이 중요함을 시사하고 있다.

장기 실업을 막는 넛지

전통경제학은 실업급여 제도가 충실히 정비되어 있으면 실업자가 구직활동을 열심히 할 인센티브가 줄어들어 오히려 실업기간이 장기화된다고 생각해왔다. 그러나 실업기간이 장기화되는 이유가 실업급여를 믿고 실업자가 구직활동을 열심히 하지 않는 데 있지 않고 행동경제학적 바이어스의 영향 때문이라고 한다면 정책적인 대응도 이를 감안할 필요가 있다.

첫째, 실업자에게 현재바이어스가 있다면 구직활동 자체를 미루는 것이 원인이 되어 실업기간이 길어질 가능성이 있다. 둘째, 참조점이 이제부터 하려고 하는 일의 시장 임금이 아니라 과거 일하던 당시의 임금일 가능성도 있다. 전통경제학에 따르면 노동자가 구직활동을 계속하면서 실업 상태에 머물러 있을 것인지를 판단하는 기준은 눈앞에 보이는 일로부터의 임금보다 앞으로도 구직활동을 계속하는 것이 득이 되는지 여부에 있다. 그런데 행동경제학에서는 참조점이 실업 이전의 임금일 경우, 그 이상의 임금을 보장하는 일이 발견될 때까지 실업 상태를 유지하게 된다. 고령자가 좀처럼 재취업하지 못하는 것도 이런 이유 때문인지 모르겠다. 셋째, 구직활동을 계속함으로써 장래에 받을 임금에 대해 낙관적 바이어스가 생길지도 모른다.

실업기간이 길어지는 것이 행동경제학적인 바이어스 때문이라고 한다면, 장기 실업을 방지하기 위한 수법은 다음과 같이 된다. 첫째로 구직활동 자체를 미루고 있는 경우에는 구직활동에 직접 연동된 보수나 벌금, 빈번한 리마인더 메일도 유효하다. 구직활동을 적극적으로 하도록 유도하는 데는 조기취업수당[1]을 실업자 본인에게 주는 것보다 공공직업안정소나 취업지원회사에 주는 것이 효과적이다. 사회보장급여에 기한을 두는 것도 미루기 행동을 완화하는 효과가 있을 것으로 기대된다. 둘째로 실업자가 희망하는 임금과 시장 임금의 갭을 줄이기 위해 개입하는 것도 효과적이다[2].

사회보장급여 신청의 현재바이어스

실업보험, 연금, 생활보호 등의 사회보장급여를 받고자 하는 사람은 가령 수급 자격이 있다고 해도 신청하지 않으면 받을 수 없다. 이를 신청주의라고 한다. 사회보장급여가 절실히 필요한 사람이라면 아무리 신청 절차가 성가시다고 해도 이를 마다하지는 않을 것이다. 하지만 수급 자격이 있다 해도 생활하는 데 그렇게까지 어려움이 없다면 귀찮아서라도 신청하지 않을 것이다.

1) 조기 취업 시 약정된 실업급여 가운데 일부를 보너스로 받는 것을 말한다. 우리나라에서는 잔여 소정 급여 일수의 2분의 1 이상을 남기고 (재)취업한 경우 미지급 일수의 2분의 1을 몇 가지 조건하에서 일시불로 받을 수 있다.
2) 예컨대 노동자가 희망하는 임금이 시장임금(예컨대 최저임금)보다 높아 구직활동을 포기하는 사람이 많을 경우, 정부는 최저임금을 인상하는 형태로 노동시장에 개입할 수 있다.

신청 절차를 성가시게 함으로써 사회보험료나 세금을 허비하지 않을 수도 있는 것이다. 이것이 전통경제학의 기본적인 생각이다.

하지만 행동경제학의 입장에서 생각해보면 이상의 구조에는 문제가 있다. 사회보장급여를 신청하지 않은 사람 중에는 생활하는 데 어려움이 있으나 사회보장제도를 이해하지 못하는 사람이나 급여 신청을 미루기 일쑤인 사람이 많을지도 모른다.

이들은 본래 사회보장제도로 보호받아야 할 대상일 가능성이 높다. 빈곤한 사람일수록 스트레스가 높고 이를 견딜 의지가 소진해 있다고 한다. 대개의 경우 이들은 급여 신청을 미루게 된다. 지금까지는 사회보장급여 신청에 수반되는 번거로움을 그리 대수롭지 않게 여겼다면, 행동경제학은 이러한 발상을 크게 바꿀 가능성이 있다. 실제로 생활보호나 실업급여 수급 자격이 있는데도 이들의 혜택을 받지 못하는 사람이 많았는데, 전통경제학에서는 이를 수수께끼라고 여겨왔던 것이다.

빈곤한 가정은 하루하루를 견디며 살아가기도 빠듯하기 때문에 수개월 단위로 소비계획을 세우는 것이 곤란하고 시야가 단기적으로 되어버린다. 최근의 연구에 따르면 빈곤한 사람은 부유한 사람에 비해 돈 계산이 합리적이지 못할 뿐만 아니라 장기적인 의사결정보다 단기적인 의사결정에 집중해버릴 정도로 인지 능력도 떨어진다고 한다.

장시간 노동과 미루기 행동

2019년의 일하는 방식 개혁[3]으로 장시간 노동을 줄이려는 분위기가 널리 퍼지게 되었다. 어떻게 하여 일하는 방식 개혁이 중요해졌을까. 노동시간이 긴 것을 싫어하지 않는 노동자는 일벌레로 기업에는 바람직한 인재이다. 그러나 장시간 노동자가 언제나 기업에 바람직하다고는 할 수 없다. 생산성이 낮기 때문에 장시간 노동을 하고 있을 가능성도 있고, 일하는 것이 좋아서 오래 일한다고 해도 건강을 해쳐 장기적으로는 생산성이 저하되는 경우도 있기 때문이다.

전통경제학에 따르면 경쟁적 노동시장에서는 노동

---

3) 아베 정권은 2018년 6월 '일하는 방식 개혁働き方改革법률'을 제정하여 2019년부터 시행한 바 있는데, 이는 1947년 '노동기준법' 제정 이후 가장 중요한 노동개혁이라는 평가를 받고 있다. 이 개혁은 초과노동시간 상한 규제 도입, 동일노동·동일임금 원칙에 의한 차별 금지, 성과 중심 보상체계 도입을 핵심 내용으로 하고 있다.

자가 원하지 않는 장시간 노동은 발생하지 않는다. 왜냐하면 노동자는 자신이 받게 되는 임금이라는 제약 조건하에서 스스로 만족도가 최대로 되는 노동시간을 결정한다고 상정되어 있기 때문이다. 전통경제학에서 장시간 노동이 문제로 되는 것은 기업이 노동시장의 수요를 독점하고 있는 경우이다.

수요 독점이란 노동자를 고용하는 기업에 라이벌이 되는 경쟁 상대 기업이 존재하지 않는 것을 말한다. 수요 독점 상태에 있는 기업은 노동자에게 다른 취업 기회가 없다는 것을 전제로 하여 임금과 노동시간의 패키지를 제시하므로 생산성보다도 낮은 임금으로 일정 시간 일을 시킬 수 있다. 노동자는 임금이 자신의 생산성보다 낮아도 다른 선택지가 없기 때문에 그 기업에서 일할 수밖에 없는 것이다. 이처럼 독점이 존재하는 경우 정부가 최저임금제도를 통해 노동시장에 개입하는 것이 정당화되듯, 노동시간을 규제하는 것도 경제 전체의 후생을 개선하는 데 도움이 될 수 있다. 현실적으로는 지역에 1개의 기업밖에 없는 상황이 희소할지 모른다. 하지만 통근시간이 짧으면 일하겠다고 하는 노동자가 선택할 수 있는 직장이 그리 많지 않은 것도 사실이다.

도시와 같이 많은 기업이 몰려 있어 경쟁적 노동시장이 존재하는데도 건강을 악화시킬 정도의 장시간 노동이 사회문제로 되어 있다면, 여기에는 행동경제학적 바이어스가 영향을 주고 있을지 모른다. 또한 기업이 노동자의 건강을 중시하여 장시간 노동을 억제하고 있어도 노동자 스스로 장시간 일을 하여 건강을 해치고 있는 경우도 행동경제학적 바이어스로 설명 가능하다. 예컨대 현재바이어스가 강한 실업자가 구직활동을 미루는 것과 마찬가지로, 근무시간 중에 해야 할 중요한 업무를 미뤘을 가능성도 있다. 실제로 어린 시절에 여름방학 숙제를 미루다가 방학이 끝나갈 무렵에야 부랴부랴 했던 노동자는 나이가 들어서도 장시간 노동이나 심야 잔업을 하는 경향이 강하다는 연구도 있다.

사회적 선호도 장시간 노동에 영향을 준다. 불평등회피 성향을 보이는 사람도 잔업시간이 길다. 동료가 장시간 노동을 하고 있는데 자신만 일찍 퇴근하는 것을 꺼리는 특성이 영향을 주기 때문이다. 만일 노동시간에 피어효과가 있다면, 장시간 노동하는 종업원이 직장에 들어오면 다른 종업원도 장시간 노동하게 된다. 장시간 노동이 직장을 감염시켜버리는 것이다.

장시간 노동을 억제하는 데에는 잔업신고 절차를 복잡하게 만들거나 소등消燈하여 잔업 자체를 곤란하게 하는 것이 유효할 것이다. 부득이하게 장시간 노동이 필요하다고 하는 경우에는 심야잔업 대신 조기잔업을 허가하는 것도 선택의 자유를 보장하면서 잔업하는 것 자체를 성가시게 한다는 의미에서 넛지에 가까운 수법이다.

휴가 사용을 촉진하는 넛지로서 효과적인 것은 디폴트 옵션을 이용하는 것이다. 일본 경찰청 중부관구 경찰국의 기후岐阜현 정보통신부는 2017년 5월부터 숙직 다음 날 휴가 가는 것을 디폴트로 하고, 계속해서 근무하기를 원하는 경우에만 휴가를 쓰지 않겠다고 당직계획서의 체크란에 체크하여 상사에게 신청하는 형태로 휴가 규정을 변경하였다. 휴가를 쓰는 데 신청이 필요했던 2016년에 비해 숙직 다음 날 휴가 가는 사람의 숫자가 3배 가까이 증가했다고 한다. 또한 지바千葉시에서는 육아휴가를 위해 그 사유를 신청서에 기재하도록 했던 제도를, 육아휴가 취득을 디폴트로 하고 육아휴가를 쓰지 않는 경우 그 이유 등을 기재하여 신청하도록 하는 제도로 바꾼 후 육아휴가율이 대폭 상승했다.

제5장
사회적 선호를 이용한다

1. 증여교환

증여교환으로 생산성은 개선되는가

　사회적 선호를 나타내는 특징 중 하나인 증여교환도 일하는 과정에서 종종 목격되는데, 이는 은혜를 입으면 갚고 싶어진다고 하는 호혜성으로부터 발생한다. 우리들 가운데 많은 이들은 양(+)의 호혜성을 갖고 있어서 자신의 임금수준이 참조점보다 높으면 임금과 참조점의 차액을 고용주로부터 받는 증여라고 생각하여 그에 보답하고자 하는 경향이 있다. 즉, 노동 의욕이 높아진다. 경제학자는 이것을 증여교환이라 부른다. 기업 측에서 보면 높은 임금을 지급함으로써 노동자의 생산성이 개선되므로 높은 임금을 지급하는 것이 기업에도 이익이 된다고 생각하는 것이다.

　이치상으로는 분명히 그럴지도 모른다. 하지만 실제로 우리들은 이러한 증여교환으로 생산성을 올리고 있는가? 참조점보다 높은 임금을 지급했다고 하면 그 효과는 얼마나 지속될까에 관해 실제로 사람들을 고용하여 분석한 연구가 있다. 이 연구에서는 도서관에서 자료를 입력하거나 기부금을 모집하는 일을 시키기 위해 다음과 같은 실험을 실시하였다. 도서관에서 자료를 입력하는 사람을 모집할 때에는 시급 12달러에 6시간 근무라는 조건을 제시하였다. 어떤 그룹(증여 그룹)에는 일을 시작한 당일에 시급을 20달러로 올렸고, 다른 그룹에는 당초 시급대로 하였다. 한편 기부금을 모집하는 경우는 시급 10달러에 6시간 근무라는 조건을 제시하여 모집하였는데, 이들 중 절반쯤에 해당하는 그룹(증여 그룹)에는 당일에 시급을 20달러로 인상하고 나머지 절반의 그룹은 당초 시급대로 고용하였다.

여기서 주의해야 할 것은 어떤 방법으로 시급을 책정하든 임금은 일하는 태도와는 무관하게 지급된다는 점이다. 전통경제학 입장에서 생각해보면 6시간 근무에 대해 고정급을 지급하는 것이므로 고정급이 늘었다고 해서 일하는 태도가 달라져야 할 이유는 전혀 없을 것이다. 그러나 증여교환 개념에 의하면, 노동자는 고정급이 예정한 것보다 늘어난 것을 고용주가 선의로 증여한 것으로 여기고 더욱 열심히 일하여 이에 보답하고자 한다.

연구 결과는 어찌 되었을까. 어떤 실험에서도 최초 3

시간은 증여 그룹 쪽이 높은 생산성을 보였지만 후반 3시간에서는 그 효과가 없어졌다. 노동자는 고용주의 선의에 보답하고자 하지만 그 효과는 오래 지속되지 않는다는 것이다.

음(-)의 증여의 영향

임금 상승이 증여라면 임금 삭감은 노동자에게 어떤 영향을 줄 것인가. 독일의 연구자들은 시급 15유로에 예상 근무시간 6시간이란 조건으로 도서관에서 자료를 입력할 사람을 모집하고, 응모한 학생들을 3개 그룹으로 나눠 임금 상승과 임금 하락의 영향을 조사하였다. 3개 그룹이란 예정대로 시급 15유로를 받는 그룹, 시급을 20유로로 올려주는 그룹, 시급을 10유로로 삭감하는 그룹이다. 조사 결과, 시급이 오른 그룹은 예정대로 시급 15유로를 받는 그룹과 마찬가지로 생산성이 변하지 않았지만, 시급이 10유로로 삭감된 그룹의 생산성은 20% 이상 떨어졌다.

즉, 모집 시에 제시된 예상임금이 참조점이 되기 때문에 이보다 낮은 임금을 음의 증여라고 느끼는데, 이때에는 음의 호혜성이 작동하여 낮은 생산성으로 고용주에게 보답하는 것이다. 이는 임금 삭감이 노동자의 사기를 떨어뜨릴 것이라고 걱정하는 경영자의 마음과 일맥상통한다. 임금이 낮아지는 이유를 납득할 수 있으면 이런 일은 생기지 않겠지만, 그렇지 않은 경우에는 사기 저하 문제가 발생하는 것이다. 임금 상승은 계속적으로, 임금 삭감은 납득이 가는 이유를 제시하여 1회에 한한다는 것이 이들 실험 결과로부터 얻을 수 있는 교훈인지도 모르겠다. [1]

증여의 이미지를 인식시킨다

증여교환 개념이 일러주는 행동경제학적 교훈은, 같은 임금을 지급하더라도 이것이 증여로 인식되도록 궁리해보면 효과가 있으리란 것이다.

연구자들은 예정된 금액 이상으로 시급을 올릴 때, 이를 현금으로 지급하는 경우와 현금 이외의 선물로 지

---

1) '임금 상승은 계속적으로'란 임금 상승의 긍정적 영향이 나타나기 위해서는 임금이 계속적으로 상승할 것이라는 기대가 있어야 함을 의미하는 것이라 생각된다. 한편 '임금 삭감은 납득이 가는 이유를 제시하여 1회에 한한다는 것'은 임금 삭감의 부정적 영향을 차단하기 위해서는 일단 납득이 가는 이유를 제시해야 하는데, 그렇게 하더라도 부정적 영향을 차단할 수 있는 것은 1회에 한한다는 의미일 것이다.

급하는 경우로 나눠 노동자의 생산성이 변하는지 여부를 실험하였다. 이번에는 시급 12유로에 3시간 근무하는 조건으로 도서관에서 자료를 입력할 학생을 모집하고 이들을 6개 그룹으로 나눴다.

첫 번째 그룹은 예정대로 시급 12유로를 받고 일을 했다. 그 외의 그룹은 시급 12유로에 더해 다음과 같은 추가급여를 받았다. 즉, 두 번째 그룹은 현금 7유로의 보너스를 받았다. 세 번째 그룹은 7유로 상당의 텀블러를 받았다. 네 번째 그룹은 7유로란 가격표가 달린 텀블러를 받았다. 다섯 번째 그룹에는 현금 7유로와 텀블러 중 하나를 선택할 수 있도록 하였다. 여섯 번째 그룹에는 현금 7유로를 종이접기 인형 모양으로 만들어 건네주었다. 독자들 생각에는 어떤 방법으로 추가급여를 주면 노동자가 일을 가장 열심히 할까. 전통경제학에 따르면 노동자들은 모두 고정급을 받게 되므로 어느 경우에도 생산성은 변하지 않는 게 당연하다.

실험 결과는 다음과 같다. 현금 7유로를 받는 두 번째 그룹은 추가급여가 없는 첫 번째 그룹과 생산성이 같았다. 즉, 전통경제학이 상정하고 있는 것과 같다. 그러나 텀블러를 받는 세 번째 그룹부터 다섯 번째 그룹에서는 첫 번째 그룹보다 생산성이 높아졌다.

더욱 흥미로운 것은 종이접기 인형 모양으로 7유로의 현금을 받은 여섯 번째 그룹의 생산성이 가장 크게 상승한 점이다. 현금을 그대로 받은 두 번째 그룹과 현금을 종이접기 인형 모양으로 받은 여섯 번째 그룹은 똑같은 금액의 보너스를 받았음에도 생산성이 크게 달라진 것이다. 이는 증여의 이미지를 더욱 강하게 인식시켰는지 여부에 따라 우리들의 행동이 변하는 것을 의미한다.

현금만을 주는 두 번째 그룹의 경우에는 금전만이 사리 판단 기준이 되는 시장규범에 따라서 행동한다. 그러나 텀블러가 되었든 현금을 종이접기 인형 모양으로 하든 선물이라는 의미를 갖게 하면 상황이 달라진다. 이때는 사회규범으로 동기가 부여되어 증여에 보답하기 위해 노력하고 이로써 생산성을 높이기 때문이다. 일본에서는 감사의 뜻을 담아 돈을 줄 때에는 축의금 봉투에 신권을 넣어 건넨다. 이는 단순히 시장규범에 따라 돈을 지급한다는 의미가 아니라 예절이라고 하는 사회규범의 의미를 전달하는 효과를 지니기 때문이다.

2. 승진 격차는 왜 생기나?

경쟁을 선호하는 데 남녀 차가 있나

저출산 시대에 여성의 활약이 기대되는 가운데 여전히 노동시장에서는 남녀 차별이 존재한다. 특히 일본에서는 관리직 중에 여성이 적다. 그 이유인즉, 여성이 가사노동의 주체라고 하는 전통적 가치관과 장시간 노동이 중시되는 일본의 기업 문화에서는 여성은 충분히 활약할 수 없다는 것이다. 또한 일본에서는 기업 부담으로 종업원을 훈련하는 경우가 많은데, 그 비용을 회수하기 위해서는 장시간 근무를 기대할 수 있는 남성에게 훈련을 집중시키게 된다는 것이다.

최근에는 남녀 간 승진 격차의 원인으로 위험회피도나 경쟁 선호 면에서 남녀 차가 있는 것은 아닐까를 꼽는 행동경제학적 가설이 눈길을 끌고 있다. 즉, 승진 경쟁에 참가하기를 꺼리는 정도가 남녀 간에 다른 것이 승진 격차의 원인이 되는 것은 아닐까 하는 가설이다. 경쟁에 대한 남녀 간 선호의 차이가 고임금 직종 취업 비율에 남녀 차를 발생시키는 원인이 된다는 것이다.

이 가설에 따르면 승진 경쟁에서 승자의 수에 남녀

차가 나는 까닭은 남성이 여성보다 경쟁에 참가하는 것 자체를 즐기거나 경쟁에서 좀 더 실력을 발휘할 수 있기 때문이다. 그렇다면 경쟁에 대한 남녀 간 선호의 차이는 경쟁 이전부터 존재하고 있는 것인가, 그렇다고 한다면 그것은 태생적인 차이인가, 교육이나 문화에 의해 후천적으로 형성되는 것인가.

경쟁적 보수가 갖는 생산성 상승 효과나 경쟁적 환경에 대한 선호를 연구한 것으로는 컴퓨터에서 미로 찾기나 덧셈 등의 문제를 풀게 하여 정답에 따라 보수를 지급하는 실험을 이용한 것이 많다. 어떤 연구자들은 보수를 지급하는 방법으로 성과급제와 토너먼트제 보수를 제시한 다음 이들을 선택한 두 그룹에서 남녀 간 성적이 얼마나 차이 나는지 비교하였다. 성과급제는 각자가 낸 정답 수만큼 보수가 정해지는 것이고, 토너먼트제에서는 그룹 중에서 1등을 할 때만 높은 보수를 받을 수 있다. 실험 결과, 여성의 성적은 두 그룹에서 같았지만, 남성은 토너먼트제에서 더 좋은 성적을 올릴 수 있는 것으로 나타났다.

경쟁 환경이 만드는 성적에는 어릴 적부터 남녀 차가 있다는 연구도 있다. 9~10세 아이들을 대상으로 달리기 시합을 하는 실험이다. 아이들은 처음에는 혼자서 달리고, 다음에는 둘이 짝을 이뤄 달리게 하여 각 경우 시간을 잰다. 여자는 혼자 달릴 때나 둘이 달릴 때나 걸린 시간에 변화가 없었지만, 남자는 혼자 달릴 때보다 둘이 경주할 때 속도가 더 빨랐다는 결과가 나왔다.

경쟁적 보수제도에 대한 선호 자체에 남녀 차가 있는지도 모른다. 이를 조사한 유명한 연구에서는 두 자리 숫자 5개를 더하되 5분이란 제한시간 내에 가능한 한 많은 계산 결과를 내도록 하는 과제를 실험 참가자에게 주었다. 최초에는 성과급제와 토너먼트제 두 가지 보수 체계하에서 작업을 하도록 하였다. 그런 다음 둘 중 한 가지 보수체계를 골라 다시 한 번 작업을 하게 하였다.

이러한 방법으로 경쟁에 대한 선호를 분석했다. 실험 결과, 남성이 여성보다 경쟁, 즉 성과급제보다 토너먼트제를 선호하는 것으로 나타났는데, 이는 남성이 여성보다 자신과잉自信過剩 성향이 있음을 시사한다. 일본에서 행해진 실험도 미국을 필두로 선진국에서 행해진 실험과 거의 같은 결론을 내고 있다.

마사이족과 카시족을 대상으로 한 실험

이렇듯 경쟁에 대한 태도에서 남녀 차가 나타나는 것은 유전적인 것일까, 아니면 문화적인 것일까. 경쟁 선호에 관한 남녀 간 차이를 밝히기 위해 마사이족이라는 부계父系 전통이 강한 사회와 카시족이라는 모계母系 전통이 강한 사회를 대상으로 경제 실험을 실시하였다. 실험 결과, 모계사회인 카시족에서는 마사이족이나 미국에서의 실험과는 반대로 여성이 남성보다 경쟁을 좋아하는 것으로 드러났다. 연구자들은 이러한 결과를 두고, 경쟁 선호에 관한 남녀 차는 유전적이라기보다 문화나 교육에 의해 형성되는 것이 아닌가 추측하고 있다.

이와 같은 문화 가설과 정합적인 실험 결과는 여학교와 남녀공학 학생들을 실험 참가자로 한 연구에서도 얻을 수 있다. 영국의 중학생을 실험 대상으로 하여 경쟁 선호를 계측하는 실험을 하였다. 그 결과, 여학교 학생은 남녀공학을 다니는 여학생보다 경쟁적 보수체계를 선호하는 경향이 있는 것으로 보고되었다. 남녀공학에서는 성별 역할 분담이라는 의식이 있어서인지 여성이 경쟁적인 보수체계를 선택하지 않지만, 여학교에서는 성별 역할 분담 의식이 별로 없어 경쟁적 보수체계를 선택하는 것에 저항감이 없는지도 모르겠다. 터키의 초등학생을 대상으로 한 실험에서도 성공하기 위해서는 노력의 역할이 중요하며 인내심 또한 강해야 한다는 가치관을 지닌 아이들 간에는 경쟁 선호에 대한 남녀 차가 없는 것으로 나타났다.

일본에서 행해진 실험에서도 여성은 여성만으로 구성된 그룹에서는 경쟁적 보수체계를 선택하는 비율이 높고 자신과잉의 정도도 높아지는 것으로 나타났다. 여성에게는 남성에 비해 경쟁을 좋아하지 않는 태생적 경향이 있을지도 모른다. 하지만 실험 결과가 이렇게 나온 데에는 역시 성별 역할 분담이라는 의식이 크게 영향을 미친 것이라 생각된다.

경쟁에 대한 태도나 경쟁에서 실력을 발휘할 수 있는지 여부는 경제적 격차로도 이어진다. 단순히 남녀 간의 성별 차이뿐만 아니라 문화적인 차이가 경제적 퍼포먼스의 차이로 이어질 가능성도 있는 것이다.

3. 다수파의 행동을 강조한다

여성 이사(理事)를 늘리는 넛지

일하는 방식을 본격적으로 개혁하려는 기업은 우선 잔업을 줄이는 것을 생각한다. 부서별로 잔업 통계를 조사해본 결과, 이미 몇 개 부서에서는 회사가 설정한 잔업시간의 상한을 넘어서 있다. 통상적으로는 관리직 회의를 소집하여 잔업 목표를 지키지 않은 부서를 열거하고 이들 부서로 하여금 목표를 지키도록 확실한 개선책을 강구하라고 통첩하곤 한다. 이때 '규칙을 지키지 않은 사람이 몇 %나 됩니다'라고 주의나 경고를 하는 경우가 많다.

하지만 이렇게 하는 것은 행동경제학 입장에서 볼 때 역효과를 낸다. 왜냐하면 많은 사람이 규칙을 지키고 있지 않은 것을 알게 되면, 오히려 규칙을 지키지 않는 것이 사회규범인 양 인식될 수 있기 때문이다. 행동경제학적으로 올바른 넛지는 잔업의 상한 목표를 지키고 있는 부서가 다수파임을 보여주는 지표를 공개하는 것이다.

예로서 기업의 여성이사 비율을 높일 때 사용하는 넛

지를 소개해보자. 영국 정부는 기업 이사회에서 여성의 비율을 높이려고 할 때 장관으로 하여금 "FTSEFinancial Times Stock Exchange 100을 구성하는 기업에서 여성 이사의 비율은 12.5%에 지나지 않습니다"라고 발언하게 하여 기업에 목표를 달성하도록 요구한 바 있다. 이 역시 전술한 바와 같이 행동경제학적으로는 바람직하지 않은 발언이다. "여성 이사가 압도적으로 소수파라는 사실을 강조하면, 이러한 상황이 당연하다는 이미지가 형성된다. 그 결과 사람들은 이 상황을 사회규범으로 인식하고 따르게 되어 데이터로 드러난 현실이 지속적으로 유지될 우려가 있다"고 연구자들은 지적한다.

이에 연구자들은 영국 정부에 행동경제학적으로 접근하도록 충고하였다. 그 효과가 있었는지 2013년의 장관 발언은 'FTSE 100을 구성하는 기업의 94%, FTSE 350을 구성하는 기업의 3분의 2 이상에 여성 이사가 있습니다'와 같이 변경되었다. 인과관계는 분명하지 않으나 여하튼 영국에서는 2015년까지 목표를 달성했다고 한다.

무단 예약 취소를 줄이는 넛지

이처럼 다수파의 행동을 강조하여 넛지로 활용하는 연구 사례는 많다. 이와 관련하여 영국의 한 병원에서는 예약했음에도 진찰받으러 오지 않는 무단 예약 취소 환자를 줄이기 위한 실험이 행해졌다.

우선 환자가 전화로 예약할 때 환자에게 예약 일시와 예약번호를 스스로 적어두도록 하였다. 이는 환자로 하여금 적극적으로 커미트먼트하도록 함으로써 예약한 것을 잊지 않도록 하기 위한 수법이다. 예컨대 예약 접수 담당자는 "화요일 오전 10시 35분 스미스 선생님 진료로 예약되었습니다. 예약번호를 알려드릴 테니 써두세요. 1234입니다"와 같이 환자에게 말해두는 것이다.

행동경제학적으로는 분명히 효과가 있을 것으로 기대되었다. 하지만 실험 결과, 예약했음에도 진찰받으러 오지 않은 환자가 1.1%나 늘었다. 왜? 예상 밖의 일이 벌어진 이유를 조사해보았더니, 예약 접수 담당자가 연구자의 지시를 따르지 않았기 때문인 것으로 드러났다. 그래서 이번에는 접수 담당자에게 커스터드 크림빵을 건네준 다음 전과 똑같이 예약 일시와 예약번호를 적어놓도록 환자에게 일러둘 것을 당부하였다. 즉, 증여교환을 사용한 것이다. 그 결과 진찰받으러 오지 않은 환자는 18% 감소했다.

여기서 한 걸음 나아가 하나를 더 변경해보기로 하였다. 애초에 이 병원에서는 예약하고도 진찰받으러 오지 않는 환자를 줄이기 위해 '지난달에 예약했음에도 진찰받지 않은 환자는 **명이었습니다'라고 인원수를 게시하고 있었다. 이런 게시는 예약을 무단 취소해도 사회규범에 반하기는커녕 오히려 다수가 이렇게 하고 있음을 상기시키고 있었다.

그래서 게시 내용을 '지난달 예약하신 대로 진찰받으신 분은 **명입니다'라고 바꿔보았다. 과연 예약한 대로 진찰받은 환자 수가 진찰받지 않은 환자 수보다 훨씬 많아졌다. 전화로 예약받을 때 예약 일시와 예약번호를 기입하게 하는 적극적 커미트먼트와 진찰받은 환자 수를 게시하는 사회규범의 두 가지 효과가 상생작용을 하여 예약했음에도 진찰받지 않는 환자 수는 이전보다 31.7%나 감소했다. 한편 이들 두 가지 수법을 사용하지 않은 채 단지 전화 예약만으로 실험을 해보았더니 무단 취소 건수는 적극적 커미트먼트 수법만을 사용한 처음의 실험에 비해 10.1% 증가했다. 그런데 다시 두 가지

수법(즉, 적극적 커미트먼트와 진찰 환자 수 게시라는 사회규범 개입)을 병용해보니 무단 취소 건수가 처음보다 29.6% 감소했다.

제6장 일하는 방식을
제대로 바꾸기 위한 넛지

1. 일에 대한 의욕을 높인다

끝없이 지속되는 일

　일하는 방식이 개혁된다고 해도 일하는 양은 변하지 않을 것이라고 말하는 분들이 많을지 모른다. 생산성을 높이지 않으면 일은 밀려 쌓이기만 한다. 근무시간을 줄인 것은 좋지만 일을 잘해도 새로운 일이 늘어나고 잔업은 줄어들기커녕 늘어날 뿐이다. 이런 상황에 봉착하면 사람들은 노동 의욕을 상실해버릴 가능성이 높다. 그야말로 고행苦行이다.

　「시지푸스의 바위」라는 그리스 신화를 알고 계신 분이 많을 것이다. 시지푸스는 신들을 속인 죄로 거대한 바위를 산꼭대기까지 올려놓아야 하는 벌을 받는다. 이 거대한 바위는 그가 필사적으로 산꼭대기 근처까지 올려놓아 이제 얼마 남지 않았다 싶으면 다시 바닥까지 굴러 떨어져버린다. 그 때문에 시지푸스는 끝없는 고행을 반복하게 된다. 일본에도 「삼도천 강변의 돌쌓기賽の河原の石積み[1]」라는 닮은 이야기가 있다. 나이 어린 자식

---

1) 賽(사이)란 삼도천三途川을 의미하는데, 이는 이승과 저승 사이의 강, 즉 황천을 말한다.

이 부모보다 먼저 세상을 떠나는 경우 삼도천 강변에서 돌을 쌓는다고 한다. 돌로 불탑을 쌓아 올리면 매일 밤 도깨비가 이를 무너뜨려버려 끝까지 완성되지 못함을 말한다. 완성되지 않는 일을 영원히 계속한다는 것은 괴롭다.

그런데 이렇듯 끝이 없는 일을 계속해야 하는 괴로움은 도대체 어디에서 오는 것인가. 일이 완성되지 않는다는 것이 괴로운 것인가, 아니면 아무리 일을 해도 곧바로 원래의 상태로 되돌아가는 바람에 일을 한다는 것 자체에 의미가 없다고 느껴지는 것이 괴롭다는 것인가. 「시지푸스의 바위」의 경우에는 일이 한 번도 완성되지 않고 바위가 계속 굴러 떨어진다. 한편 삼도천 강변의 돌쌓기에서는 매일 밤 완성된 불탑이 도깨비에 의해 무너진다. 후자의 경우에는 일은 완성되지만 무너진다는 의미에서 헛된 일을 계속한다는 것이다. 무너지는 것을 알면서도 일을 계속해야 하는 것이 괴롭다는 것인가.

「시지푸스의 바위」 실험

우리들이 시지푸스의 바위를 굴려 올리거나 삼도천

강변에서 돌쌓기를 한다면 어느 정도로 일할 의욕이 없어져버릴까. 이를 밝히기 위해 미국의 연구자들은 흥미 깊은 실험을 해보았다. 그들은 레고 블록의 바이오니클이란 캐릭터를 조립하는 작업을 하버드 대학생들에게 시켜보았다.

하나의 바이오니클은 40가지의 부품으로 구성되어 있어 조립하는 데 약 10분 걸린다. 그들은 조립된 바이오니클 개수에 따라 임금을 받았다. 처음 1개를 완성하면 2달러, 다음 1개에는 1.89달러 식으로 완성되는 개수가 늘어남에 따라 0.11달러씩 임금이 줄어든다. 다만 20개 이상을 조립하면 그 이후에는 1개당 0.02달러를 일정하게 받는다. 만일 당신이 실험 참가자라면 바이오니클을 몇 개나 만들 것인가. 10분에 2달러를 받을 수 있다면 나쁘지 않다. 하지만 10분에 0.02달러라면 아마도 만들지 않을 것이다. 어디쯤에서 만들기를 멈출 것이 분명하다.

실험에 참가한 학생들은 2개 그룹으로 나뉘었다. 한 개의 그룹에서는 완성된 바이오니클이 학생들 앞에 정렬되었다. 다른 그룹에서는 학생이 다음번 바이오니클을 조립하고 있는 사이에 옆에 앉아 있던 다른 학생이

금방 완성된 것을 곧바로 망가뜨려버렸다. 연구자들은 처음 그룹을 '의미 있는 조건', 두 번째 그룹을 '시지푸스 조건'이라 불렀다.

이들 두 개 그룹에서 조립된 바이오니클 수가 같다면 어느 그룹도 같은 금액의 임금을 받는다. 즉, 일의 성과에 따른 보수는 어느 조건에서도 완전히 같다. 삼도천 강변의 돌쌓기를 예로 들어보면, 의미 있는 조건은 끝없이 새로운 불탑이 만들어지지만 이것이 무너지지 않는 경우에 한한다. 한편 시지푸스 조건은 불탑이 만들어지는 순간 도깨비에 의해 무너져버리는 경우이다. 위 실험이 시지푸스의 바위나 삼도천 강변의 돌쌓기와 다른 것은 일에 대한 보수 자체가 매회 존재한다는 점이다. 그리고 위 실험에서 두 그룹이 다른 것은 만들어지는 순간 망가지는 것인가, 망가지지 않는 것인가 하는 점뿐이다.

실험의 결과는 어떠했을까. 학생들은 의미 있는 조건에서는 평균 10.6개의 바이오니클을 만들어 14.4달러를 손에 쥐었고, 시지푸스 조건에서는 평균 7.2개밖에 만들지 못해 11.52달러밖에 벌 수 없었다. 즉, 바이오니클을 만들었다는 것을 실감할 수 있는 상황이라면 노력을 하지만, 곧장 망가져버려 일한 것을 실감할 수 없는 상황에서는 일할 마음이 나지 않는다는 것이다.

금전적인 이득만을 목적으로 일을 한다고 하면 실험 참가자들은 어떤 조건에서도 같은 양의 바이오니클을 만들었을 것이다. 그러나 의미 있는 조건에 있을 경우가 시지푸스 조건에 있을 경우에 비해 평균 3.4개 많은 바이오니클을 만들어 2.88달러를 더 벌 수 있었다. 다시 말해 사람들은 의미 있는 일에서는 금전적 이득 이상의 가치를 낼 수 있으므로 노력을 하는 것이다.

의미 있는 일

보수는 같지만 만들어놓은 바이오니클을 눈앞에 펼쳐놓는 것만으로도 일할 의욕이 커진다. 의미 있는 일을 할 수 있다는 자각이 일할 의욕을 부추긴다. 이것이 상기 연구가 시사하는 것으로, 우리들에게는 일할 의욕을 고취하기 위해 다음과 같은 힌트를 제공한다.

첫째, 일 자체에 의미가 있다고 실감할 수 있게 하는 것이다. 이는 일로부터 비금전적인 기쁨을 느낄 수 있다면 일 자체가 힘들어도 어느 정도 위로를 받을 수 있음을 말한다. 타인에게 도움이 되는 사회적으로 의미 있는 일이라고 인식할 수 있으면 같은 일을 해도 노동 의욕이 샘솟는다. 역으로 말하자면, 사회적으로 의미가 있는 일이라면 그렇지 않은 일보다 낮은 임금을 받아도 괜찮다고 생각하는 것이다.

극단적인 경우에는 무보수라도 일하고 싶은 생각이 들 수 있다. 재해민을 돕기 위해 자원봉사를 하는 경우가 그렇다. 자원봉사는 아니지만 같은 일이라도 공적인 일은 민간기업의 일보다 급료가 낮은 경우가 많다. 그 까닭은 사회에 도움이 된다는 생각 자체가 좋아 급료가 낮아도 일할 의욕이 생기기 때문이다.

둘째, 무언가 일을 했구나 하는 느낌이 들게 하는 것이다. 완성된 바이오니클을 눈앞에 펼쳐놓은 실험 참가자들의 노동 의욕이 높았던 것은 애써 만든 물건이 파손되지 않음으로써 비로소 의미 있는 일을 했다는 느낌을 준 것이 하나의 원인이고, 다른 하나는 이에 더해 이렇게 많이 만들었구나 하는 성취감을 들게 한 것도 중요한 원인으로 작용했을 것이다. 그렇다면 의미 있는 일을 했다고 느끼기 쉽도록 하는 것이 중요한데, 이를 위해서는 자신이 한 일이 얼마나 되는지를 일목요연하게 알 수 있도록 해둘 필요가 있다.

　한 가지 일을 마쳐도 새로운 일이 또 들어와 잔업이 줄어들지 않는 상황에 직면해 있다고 하자. 이때 잔업만 표시되어 있다면 아무리 일을 많이 했어도 일을 하지 않은 것으로 오인될 수도 있다. 마치 시지푸스 조건과 같은 상태에 있게 되는데, 이러면 일할 의욕이 나지 않는다.

　새로 들어온 일은 일단 제쳐두고 끝낸 일이 얼마나 되는지를 분명히 알 수 있도록 해두면 어떨까. 그렇게 하면 그동안 수행했던 일의 가치를 피부로 느낄 수 있다. 매일 마무리해야 할 과제의 목록을 작성해두고 끝낸 과제는 눈에 보이는 형태로 지워가면 된다. 혹은 오늘 마친 일을 리스트업해도 좋은데, 이는 매일 얼마만큼 일했는지를 기록해두는 것이다. 이렇게 매일 하는 일이 쓸모없는 것이 아니고 제대로 성과가 나고 있음을 보여주면, 의미 있는 일을 하고 있다는 것을 실감할 수 있다.

　우리들은 남아 있는 일에만 관심을 갖기 쉬우나, 끝낸 일을 사람들의 눈에 띄게 하면 일에 대한 의욕도 높아질 수 있다. 약간만 궁리해보면 매일같이 분주한 삶이라 하더라도 지치지 않고 살아갈 수 있는 것이다.

2. 목표와 행동 간의 간격을 줄인다

달성되지 않는 목표

일본에서는 4월이 새로운 연도의 시작이다. 회사나 대학의 캠퍼스에 신입사원이나 신입생이 들어온다. 신입사원이나 대학생 중에는 1년 동안 눈 깜박할 사이에 성장하는 사람이 있는가 하면, 모처럼의 성장 기회를 충분히 살리지 못하는 사람도 있다. 많은 사람들은 나름대로 목표를 가지고 새로운 한 해를 맞이하고는 있지만, 이를 달성하는 사람과 그러지 못하는 사람이 있다. 무엇이 이들을 가르고 있는 것일까.

목표를 세워도 달성하지 못하는 것은 무엇 때문일까. 노력은 했지만 운이 나빴기 때문일 수도 있다. 그러나 가장 많은 원인은 목표는 세웠지만 행동이 따르지 않았던 데 있는 것이 아닐까. 체중을 줄이려는 목표를 세웠어도 운동을 하거나 식사에 신경을 쓴다고 하는 행동이 따르지 않으면 목표는 달성되지 않는다. 왜 목표를 세웠음에도 이를 실행하는 행동이 따르지 않는 것일까. 어떻게 하면 목표와 행동 간의 갭을 줄일 수 있을까.

행동경제학에서는 계획한 목표를 실행에 옮기지 못하는 것을 현재바이어스로 설명하는 경우가 많다. 이미 설명한 바 있듯이, 현재바이어스는 장래의 일에 대한 의사결정은 느긋하게 할 수 있는 반면에 현재의 일에 대해서는 성급한 의사결정밖에 할 수 없는 것을 말한다. 만약 목표를 달성하지 못하는 이유가 행동을 미루는 현재바이어스 때문이라면, 이 문제에 대한 해결책은 미루는 것을 어렵게 하는 상황 속으로 자신을 몰아넣는 것이라 하겠다. 처음 세운 계획을 실행에 옮길 수 있도록 중도에 계획을 변경할 경우 무거운 벌칙을 부과하는 것도 좋다.

계획했던 목표가 달성되지 못하는 한 가지 이유로 목표 자체를 잊어버리는 경우도 있다. 예컨대 하나의 과제 목록에는 마감 날짜가 다른 일들이 적혀 있는데, 많은 과제를 떠안고 있어 각각의 일의 마감 날짜를 잊어버릴 수가 있다. 혹은 과제가 있다는 것 자체를 잊고 있을 수도 있다. 이때에는 과제 목록이 아직 제출되지 않았으니 서둘러 제출하라고 독촉함으로써 비로소 일에 착수하는 경우도 있을 것이다.

이처럼 목표나 과제를 달성하지 못하는 것이 이들을 확실하게 기억하지 못하거나 기억이 희미해졌기 때문이라면, 이들을 잊지 않도록 하는 장치를 마련하거나 정비해둘 필요가 있다. 달력에 기입하여 리마인더 메일을 보내도록 설정해두는 것도 한 가지 방법이다.

목표가 달성되지 못하는 또 다른 이유는, 목표가 있어도 이를 달성하기 위해 매일 무엇을 하면 좋을지가 분명하지 않기 때문이다. 우리들은 목표가 있어도 이를 달성하기 위한 구체적인 실행계획까지 마련해놓지 않으면 매일의 행동으로써 그 목표를 달성할 수가 없다.

실행계획을 제출한다

미국의 연구자들은 실업자의 구직행동을 분석하여 이와 같은 구체적 실행계획이 중요하다는 사실을 밝혔다. 구직활동을 하고 있는 사람들에게 목표를 세우는 것뿐만 아니라, 목표를 달성하기 위해 무엇을 어떻게 할 것인지에 관한 실행계획을 수립하게 하였다. 좀 더 구체적으로 그들은 남아프리카 청년 실업자 1,100명의 구직행동에 개입하는 실험을 실시하여 실행계획의 효과를 검증하였다.

구직을 위해 해야 하는 행동을 몇 가지 열거하면 다음과 같다. 먼저, 구인광고를 찾아보거나 지인에게 직업이나 직장을 소개해달라고 의뢰한다. 다음으로는 구인기업에 응모하기 위한 서류를 작성하여 송부한다. 그리고 면접하러 간다. 취직될 확률을 높이려면 이러한 행동을 거듭해야 한다.

연구자들은 일부의 실업자에게 일주일 동안의 구직활동 계획을 소정의 양식에 기재하여 제출케 하였다. 계획서 양식에는 월요일부터 일요일까지 요일마다 몇 시에 어떤 활동을 할 것인지를 적는 칸이 있다. 예컨대 월요일 오전 중에 신문 구인란을 본다고 하면 어떤 신문을 보는지까지 쓰도록 한다. 화요일 오후에 이력서를 보낸다고 하면 어느 회사 앞으로 보내는지도 기입하게 한다. 그 후 이들 내용을 수치화하여 매주 몇 개 회사의 구인란을 체크하고, 몇 개 회사에 응모서류를 보내며, 몇 시간 구직활동을 할 것인지 등의 목표를 쓰도록 한다. 이들 옆에는 목표가 달성되었는지 여부를 체크하는 칸도 마련되어 있다.

이 정도의 작업만으로도 응모서류 송부, 면접 제안, 고용이 이 작업에 참여하지 못한 실업자에 비해 각각 15%, 30%, 26% 증가하는 커다란 성과를 낼 수 있었다. 이 작업에 참여한 실업자들은 응모서류 송부 건수가 증가한 데 반해 구직활동에 보낸 시간에는 변화가 없었다. 또한 이들은 친구·지인과의 상담이라는 비공식적 수단뿐만 아니라 신문이나 인터넷의 구인광고 등의 공식적 수단을 다양하게 이용한 것으로 나타났다. 결국 구체적인 실행계획을 세운 그룹은 그렇지 않은 그룹에 비해 더욱 효율적으로 구직활동을 하고 있었던 것이다.

구직활동을 게을리하는 데는 기억에 문제가 있거나 현재바이어스 때문일 가능성도 있다. 이를 감안하여 리마인더 메일을 보내거나 구직그룹을 결성하여 구직활동을 제대로 하고 있는지 상호 체크하도록 하는 경우도 분석해보았다. 하지만 구체적인 실행계획을 쓰도록 하는 것이 취직 확률을 높이는 데 가장 효과적인 것으로 나타났다.

실행계획을 세우는 것이 그 정도로 효과가 있는 이유는 무엇일까. 그 까닭은 실행계획이 복잡한 과제를 몇 가지 특정 행동으로 분해함으로써 초점을 맞춰야 할 목표와 이를 달성하기 위해 필요한 조치가 무엇인지를 현실적으로 이해할 수 있게 해주기 때문이다. 목표 달성을 어렵게 하는 장애요인은 구체적으로 어떻게 행동해야 하는지를 잘 모르는 데 있는 것이다.

목표를 달성하기 위해 매일 무엇을 하면 좋은지를 명확히 해두면, 우리들은 이렇게 정해진 매일의 과제를 소화하기만 해도 자동적으로 그 목표를 달성할 수 있다. 즉, 목표를 달성하기 위해서는 목표 달성에 필요한 구체적인 행동이 무엇인지, 이를 언제 실행에 옮길 것인지까지 계획서에 써놓으면 된다. 우선은 구체적인 예정행동까지 스케줄에 담아두는 것이 목표 달성의 첫걸음이다.

양이 아니라 시간으로

2019년 5월부터 일본의 연호는 헤이세이平成에서 레이와令和로 바뀌었다. 연호가 바뀌어도 시간 그 자체는 연속적으로 흘러가고 있을 뿐이다. 그럼에도 일본인들은 연호의 변경에 큰 의미를 부여하려고 했다. 하루, 일주일, 한 달, 일 년과 같이 달력상으로는 단락이 있지만 본래 시간은 연속적으로 흐르고 있어 어떤 1초도 다르지 않다. 우리들은 연속적으로 흐르는 시간에 굳이 단락을 지어 매일을 살아간다.

물론 오늘 하루에 세상이 끝나는 경우와 오늘 이후에도 세상이 이어져가는 경우의 의사결정은 크게 다르다. 세상이 끝난다고 하는 극단적인 상황이 아니라 해도, 성적 평가가 하루 단위로 이뤄지는 경우와 1개월 단위로 이뤄지는 경우의 행동은 다를 것이다. 예컨대, 스모[2]는 한 장소에서 15일간 승패를 가려 다음 장소로 진출할 것인지 탈락할 것인지가 결정된다. 만일 스모가 1년 동안의 성적으로 다음 해의 진출과 탈락을 결정하는 것이라면 씨름꾼의 전략은 완전히 달라질 것이 분명하다. 15일 동안에 이긴 횟수가 진 횟수보다 많아지는 것이 중요하므로 7승 7패로 최종일을 맞는 씨름꾼 중에는 승부를 조작하고 싶은 사람이 나올 수도 있다.

오늘 하루만 일하여 성과를 평가하는 것이 아님에도, 그렇게 단기만을 생각하여 의사결정을 하게 되면 비효율이 발생한다. 컨디션이 좋지 않은 날인데도 무리

2) 일본의 씨름 경기

하게 일을 하는 것이 전형적인 예이다. 컨디션이 좋지 않으면 그날은 쉬었다가 상태가 좋아진 날에 전력을 다하여 성과를 올리는 편이 장기적으로는 더 바람직할 수 있다.

마찬가지로 매일 목표 과업량을 정해두고 달성할 때까지 일을 계속한다는 것도 비합리적이다. 이런 방식으로는 효과적으로 일이 진척되는 날엔 오히려 빨리 일을 끝내고 좀처럼 일이 진척되지 않는 날에는 늦게까지 일을 하게 된다. 이와는 반대로 일이 척척 진척되는 날에 늦게까지 일하고 그렇지 않은 날에는 일찍 귀가하는 편이 전체 노동시간은 같아도 더 많은 일을 할 수 있어 좋을 것이다. 흉어 때 늦게까지 조업을 하고 풍어 때 일찍 귀가하는 어부와 흉어 때에는 곧장 조업을 중단하고 풍어 때 늦도록 고기를 잡는 어부를 비교하면 후자가 짧은 시간에 더 많은 고기를 잡을 수 있는 것이다.

오늘 하루에 결말이 나는 것이 아니므로 하루치 성과만을 지표로 하여 노력하는 것은 현명하지 않다. 이때는 긴 시간적 시야를 갖고 일할 것을 생각해야 한다. 그런 의미에서는 반대의 경우도 있을 수 있다. 예컨대 잘나가는 연예인이나 활약 중인 스포츠 선수가 지금이 가장 좋은 시기이므로 무리해서라도 지금 분발한다고 하면, 이는 합리적인 선택이라고 생각된다.

합리적 행동의 함정

금방 성과가 나오지 않는 일이 많으므로 성적 평가는 장기적 시야에서 하는 편이 좋다고 하는데, 맞는 말이다. 교육의 성과가 나오기까지는 시간이 걸리는 경우가 많다. 이때 단기 지표로 성과를 측정하게 되면 정말로 중요한 것을 가르치는 것이 소홀해지고 성과가 빨리 나오는 것에만 집중해버리기 쉽다.

그렇다면 장기 성과만을 목표로 하는 경우에는 문제가 없는 것일까. 대학교수가 학생들에게 제안하기를, 공부는 자유이고 자신에게 가장 효율적인 방법으로 하면 되므로 기말시험만으로 성적을 평가한다고 해보자.

이러한 제안은 합리적으로 행동할 수 있는 학생에게는 바람직하다. 학생은 수업뿐만 아니라 서클활동, 아르바이트, 데이트 등 예정된 일이 많다. 그래서 가장 편리하고 공부가 잘되는 시간에 맞춰 공부할 계획을 세워두면 된다. 매주 테스트를 하여 평가받는 수업이라면 다른 활동으로 바쁠 때에도 공부시간을 확보해두지 않으면 안 된다. 자기 시간을 자유롭게 사용할 수 있기에는 기말시험만으로 평가하는 수업이 가장 좋을 것이다.

그러나 학생 자신은 시간을 효율적으로 배분하여 공부하는 계획을 세웠다고 해도, 그 계획이 실행되는지 여부는 미지수이다. 실제로 많은 사람들은 장래의 계획을 세우기까지는 하지만 그 계획을 실행하는 단계에 이르면 미뤄버리는 일이 비일비재하다. 이 대목에서 어린 시절의 여름방학 숙제를 상기해보기 바란다. 여름방학이 시작되기 전에는 방학 초기에 숙제를 끝낸다는 계획을 세우는 사람이 많지만, 막상 숙제를 하는 것은 방학이 끝날 무렵이라고 하는 경우가 다수이다. 결국 계획을 세울 수는 있어도 실행을 미뤄버린다면 최선의 계획은 허사가 되고 만다.

습관이 될 수 있는 규칙을 만든다

그렇다면 무슨 일이 있어도 매일 일정량의 과제를 소화한다고 하는 비합리적인 방식이, 최선의 계획을 세워두고도 이를 실행하지 않는 것보다 나은 것이 된다. 매주 테스트하는 수업은 학생에게 최적의 시간 배분을 어렵게 할지 모르지만, 결과적으로는 공부시간이 줄어드는 것보다는 나은 결과를 가져다주는 것이 아닌가.

매일의 행동에 제약을 두어 규칙화하는 것에도 장점이 있다. 가령 성과에 관한 장기 목표를 세웠다고 하자. 예컨대 3개월 후에 3kg 감량하는 목표다. 그런데 이런 목표 설정만으로는 감량에 성공하기 어렵다. 그 이유는 뭘까.

우선 목표 달성 시기가 3개월 후라는 미래인 점이다. 그 시점에 목표를 달성할 수 있다면 대단히 기쁠 것임에 틀림없지만, 그 기쁨을 현재 시점에서 평가해보면 대단한 것이 아니다. 왜냐하면 3개월 후에 목표가 달성되는 것은 현재의 자신에게는 그다지 강한 인센티브가 되지 않기 때문이다. 감량하기 위한 노력을 내일부터 시작하려고 해도, 내일이 되면 이를 미뤄버릴 가능성이 있다. 또한 감량하기 위한 수단에는 운동부터 식사 조절까지 다양하기 때문에, 감량한다고 하는 목표만 있을 때에는 감량 수단으로 무얼 선택할까를 생각하는 것만으로도 골치 아파진다. 게다가 이런저런 노력의 효과는 매일 관찰될 수 있는 것도 아니다.

체중을 줄인다는 장기 목표를 정하고 가장 적당한 시간에 운동을 하거나 식사를 조절하는 등의 수단을 구사해가는 것이 최선이지만, 전술한 이유들로 말미암아 성공하지 못할 가능성이 높다. 이때에는 장기 목표 달성을 위해 매일 지켜야 할 간단한 규칙을 설정하는 것이 효과적이다. 예컨대 매일 7,000보 이상 걷는 것이 규칙이라면, 이런 작은 목표를 달성하는 것만으로도 성취감을 느끼게 된다. 매일의 과제는 먼 장래의 일이 아니기 때문에 미루기 어렵다. 무엇을 할까 매일 고민할 필요도 없다. 습관이 될 수 있도록 규칙을 만들어가는 것은 언뜻 보아 비합리적인 것 같아도 장기 목표를 달성하는 데는 좋을 수 있다. 장기 목표를 달성하기 위해서는 오히려 시간적 시야를 좁히는 것이 득이 될 수도 있다는 것이다.

차선책이 최선책

시간적 시야를 좁히지 못해 손해가 발생하는 경우는 또 있다. 우리들은 손실을 확정하는 것이 두려운 나머지 오히려 지나치게 위험을 선택하는 경우가 있다. 예컨대 경마에서 지고 있을 때 최종 레이스에 크게 걸지만 요행수가 바라는 대로 이뤄지기는 어렵다. 영업하는 사람이 이번 달 영업 성적이 나빠질 것 같아 한 방에 뒤집을 수 있는 큰 계약을 하러 가지만 실패하고 만다. 주식 투자를 하고 있는 사람이 자신의 보유주가 떨어지고 있을 때 매각하여 손실을 확정하기보다는 다시 오를 가능성에 건다. 이러한 특성은 손실을 확정하는 기간이 길면 길수록 두드러지게 나타난다.

실제로 증권회사의 경우 손실을 반나절 단위로 확정하는 회사와 하루 단위로 확정하는 회사에서는 증권 딜러의 행동이 다르다고 한다. 하루 단위로 성적을 마감하는 회사에서는 오전 중 손실 가능성에 봉착한 딜러는 오후에 위험이 더 큰 투자를 하는 경향이 있다. 손실이 확정되지 않은 동안 손실회피 특성이 작동하여 걸핏하면 위험한 행동을 취한다는 것을 실험을 통해 보여준 연구도 있다.

장기 목표를 달성하기 위해서는 목표에 다다르기까지 각 시점에서 최적의 행동을 취하는 것이 최선이다. 그러나 그렇게 하는 것이 최선인지는 알고 있어도 최선의 계획이 실행되지 못하면 차선의 계획을 세우는 것이 필요하다.

    장기 목표가 달성될 수 있도록 매일 준수해야 할 심플한 규칙을 정해두고 매일 그 규칙을 준수하는 것을 기쁨으로 삼는 행동계획은, 비록 비합리적인 것처럼 보일지 몰라도 차선책은 될 수 있을 것이다.

제7장 의료·건강
활동에 대한 응용

1. 디폴트의 이용

넛지에 의해 변화하는 건강 활동

건강 활동은 행동경제학적 바이어스가 발생하기 쉬운 분야이다. 우선 현재의 행동은 결과가 나타나 최종적으로 자신에게 피드백될 때까지 시간이 걸린다. 이와 같이 시간적 지연 또는 시차를 동반하는 현상은 현재바이어스의 영향을 받기 쉽다. 건강을 위한 행동의 결과가 건강 상태의 향상으로 나타나기까지는 어느 정도 시차가 있다. 오늘 식사를 많이 했다고 해서 바로 비만이 되는 것은 아니다. 또한 건강 활동의 결과에는 불확실성도 따른다. 건강한 생활을 유지한다고 해도 병에 걸릴 가능성이 있다. 건강진단을 받아도 병을 발견하지 못하는 경우도 있다. 건강·의료에 관한 정보는 전문적인 것이 많아 이해하기 어렵다.

이와 같은 특성을 지니고 있는 건강·의료 분야에서는 넛지에 의해 사람들의 행동을 더 좋은 방향으로 바꿀 수 있는 여지도 크다. 그만큼 이 분야에서는 넛지를 활용하는 연구가 많다.

대장암 진단의 수진율 향상을 위한 넛지

암 검진에는 유효성이 의문시되는 분야도 있지만 대장암 검진에 관한 한 유효하다고 하는 연구가 많다. 하지만 그럼에도 불구하고 대장암 검진의 수진율은 높지 않다. 하치오지八王子시는 대장암 검진 수진율을 높이기 위해 손실회피를 이용한 넛지를 실험한 바 있다. 이 시에서는 2016년부터 1년 전에 대장암 검진을 받은 사람에게 대변검사 키트를 자동 송부하기 시작했다.

그런데 애써 키트를 송부해도 실제로 검진받는 사람은 약 7할 정도였다. 그래서 이번에는 5월에 검진 키트를 보냈는데도 10월까지 검진을 받지 않은 사람을 대상으로 검진받기를 장려하는 다이렉트 메일을 보내기로 했다. 미수진자 약 4,000명을 무작위로 2개 그룹으로 나눈 다음 내용은 같지만 표현이 다른 다이렉트 메일을 보낸 것이다.

한 그룹에는 '올해 대장암 검진을 받는 분에게는 내년에 대장암 검진 키트를 자택으로 보내드립니다'라는 이득 표현의 메시지를 담았다. 다른 그룹에는 '올해 대장암 검진을 받지 않으면 내년에 대장암 검진 키트를 자택으로 보내드릴 수 없습니다'라는 손실 표현의 메시지를 담았다.

논리적으로 보면 2개의 메시지는 내용이 같다. 따라서 정보의 내용에 반응한다고 하면 다이렉트 메일을 받은 사람 가운데 대장암 검진을 받은 사람의 비율은 두 그룹에서 같아야 한다. 그러나 이득 메시지를 받은 그룹의 실제 수진율은 22.7%였던 반면, 손실 메시지를 받은 그룹의 수진율은 29.9%였다. 즉, 손실 메시지를 받은 그룹의 수진율이 높았던 것이다.

이러한 차이가 어째서 발생하는 것일까. 이득 메시지는 암묵리에 검진 키트가 보내지지 않는 상황을 참조점으로 하고 있다. 한편 손실 메시지는 검사 키트가 보내지는 상황을 참조점으로 하고 있기 때문에 그 수준을 유지하고 싶은 마음이 강하게 작용하는 것이다[1].

---

1) 하치오지시의 실험은 손실회피 성향을 가진 사람이 있다는 것을 전제로 하여 행해진 것이다. 그리고 손실회피 성향을 가진 사람은 두 그룹에 모두 확률적으로 존재한다. 손실회피는 얻는 것의 가치보다 잃어버리는 것의 가치를 크게 평가하는 것을 말한다. 따라서 두 그룹에 공히 존재하는 손실회피 성향의 사람들은 이득 메시지보다 손실 메시지에 더욱 민감하게 반응할 것이므로, 손실 메시지를 받은 그룹 쪽이 검진 키트를 받지 못하게 되는 상황을 더욱 염려하여 더 많이 검진을 받으러 가게 되는 것이다. 필자는 참조점을 이용하여 차이가 발생하는 이유를 설명하고 있으나, 그것보다는 여기서처럼 손실회피 성향을 이용하여 직접 설명하는 편이 이해하기에 좀 더 수월할 것으로 보인다.

백신 접종률 향상을 위한 넛지

인플루엔자 백신의 접종 기회를 제공하는 회사도 있을 것이다. 당신은 그 담당자로서 접종을 촉진하고 싶어 메일을 통해 안내장을 보내기로 했다고 하자. 안내장 내용을 어떻게 만들면 접종률이 오를 수 있을까.

미국의 연구자들은 이를 확인하기 위해 다음과 같은 실험을 하였다. 어떤 회사의 사원 3,272명을 3개의 그룹으로 무작위로 나눈 다음, 백신 접종일 안내장을 그룹마다 다르게 하여 보냈다. 제1그룹의 안내장에는 백신 접종 장소와 일시를 게재하였다. 제2그룹에는 이들 정보에 더해 안내장을 받은 사람이 직접 접종 날짜를 기입하는 칸을 알기 쉽게 만들어놓았다. 제3그룹에는 이들 두 그룹의 안내장 내용에 더해 접종시간까지 기입하는 칸을 만들어놓았다. 기입하는 칸을 만들어놓았을 뿐 기입한 안내장을 회수하지는 않았다. 안내장의 디자인을 조금 바꾼 것만으로 제3그룹의 인플루엔자 백신 접종률은 제1그룹에 비해 4% 높았다. 이처럼 자신의 예정을 직접 기입하도록 한 것이 커미트먼트 수단으로서 유효했던 것 같다.

옵트·인(opt-in)

백신 접종률을 높이는 데는 디폴트를 이용하는 것도 유효할지 모른다. 통상 인플루엔자 백신 접종을 권유하는 경우에는 접종 가능한 일시를 알려주고 희망자로 하여금 예약하게 하든지 희망하는 일시에 접종하러 간다. 이러한 방식을 소위 '옵트·인opt-in'이라 한다. 즉, 접종하지 않는 것이 디폴트이고, 접종하는 것이 옵션(선택권)인 것이다.

한편 접종 일시를 미리 가결정하여 대상자에게 통지하되 대상자가 사정이 여의치 못할 경우에는 일정 변경원을 제출토록 하는 방법도 있다. 즉, 접종하는 것이 디폴트이고 접종하지 않는 것이 옵션으로 되는 '옵트·아웃opt-out' 방식이다. 가결정된 날에 접종하는 것이 디폴트로 되어 있지만, 다른 날에 접종하거나 접종하지 않을 선택의 자유도 확보되어 있다.

이들 방식의 효과를 랜덤화 비교시험randomized controlled trial을 통해 검증한 연구가 있다. 연구 결과는 접종하는 것이 디폴트로 되어 있는 옵트·아웃이 통상적 통지 방법인 옵트·인에 비해 접종률이 약 10% 높은 것으로 나타났다. 다만 접종일이 디폴트로 정해져 있는 옵트·아웃의 경우에는 71%의 사람들이 일정 변경원을 제출하지 않았고, 통지된 접종일에도 나타나지 않았다. 이런 일은 옵트·인의 경우에는 발생하지 않았다. 그 까닭은 희망자가 스스로 예약을 하여 접종받으러 오는 옵트·인에서는 접종을 강하게 희망하는 자만으로 예약자가 한정되어 있는 데다 커미트먼트가 더욱 강하게 작용하기 때문일 것이다.

말기의료[2]의 선택

디폴트는 사람들의 선택을 좀 더 좋은 방향으로 유도하는 데 효과적인 넛지이다. 하지만 아주 신중하게 의사결정을 해야만 하는 상황에 이르면 디폴트에 의해 영향을 받지 않을 수도 있지 않을까. 말기의료end-of-life care의 선택에 디폴트가 어느 정도 영향력이 있는지를 랜덤화 비교시험으로 분석한 연구가 있다.

연구자들은 연명치료나 완화치료를 선택해야만 하는 말기의료 상황에서 어떤 치료 방법을 희망하는지 체크

2) 말기의료 외에도 임종의료, 종말기의료 등의 표현이 있다. 일본에서는 종말기의료가 가장 일반적으로 쓰이는 듯하다. 원서에서도 종말기의료라는 표현을 사용하고 있다.

하도록 하는 사전지시서 포맷으로 세 가지를 준비하였다. 이를 무작위로 갈라놓은 세 가지 그룹의 환자들에게 제시하여 말기의료의 선택이 사전지시서 포맷에 의해 영향을 받는지 여부를 검증하였다.

제1그룹에는 '연명치료'와 '완화치료' 가운데 희망하는 것에 체크하여 제출하도록 하였다. 제2그룹에는 위와 동일한 선택지가 마련되어 있지만, '연명치료'에 미리 체크 표시가 인쇄되어 있다. 만일 환자가 '완화치료'를 선택하고 싶으면 '연명치료'의 체크 표시를 지우고 '완화치료'에 체크하면 된다. 이는 '연명치료'가 디폴트로 되어 있는 포맷에 해당한다. 이와 반대로 제3그룹에는 '완화치료'에 미리 체크 표시가 인쇄되어 있어, '완화치료'를 선택하고 싶으면 그대로 두면 되고 '연명치료'를 선택하고 싶으면 '완화치료'의 체크 표시를 지우고 '연명치료'에 체크하면 된다.

결과는 어땠을까. 어디에도 미리 체크 표시가 되어 있지 않은 제1그룹에서는 61%의 환자가 '완화치료'를 선택하고 있었다. 한편 '완화치료'가 디폴트인 경우에는 77%의 환자가 그대로 완화치료를 선택하였다. 반대로 '연명치료'가 디폴트인 경우 완화치료로 선택을 변경한 환자는 43%에 지나지 않았다. 34%나 되는 환자가 디폴트의 영향을 받아 말기의료를 선택하고 있었던 것이다.[3] 연구자들은 이 실험이 끝난 후 환자들에게 연구 의도를 알려주고 다시 한 번 의사결정을 변경할 수 있는 기회를 줘봤다. 그러나 이렇게 해도 환자들의 대부분은 선택을 변경하지 않았다고 한다.

2. 메시지의 영향을 고려한다

이득 프레임과 손실 프레임

의사가 전달하는 메시지에 의해 환자의 의사결정이 어떻게 바뀔까. 이와 관련하여 1년 이내에 암 치료를 받은 경험이 있는 환자 1,360명을 대상으로 인터넷 설문조사를 실시한 연구가 있다. 이는 수술 후 화학요법을 받을 것인지 여부를 선택하는 가상 시나리오로, 표

---

3) 여기서 34%는 77%(제3그룹에서 디폴트를 선택한 환자의 비율)에서 43%(제2그룹에서 디폴트를 버리고 완화치료로 변경한 환자의 비율)를 뺀 수치이다. 다시 말하여 34%는 디폴트를 유지한 환자, 즉 디폴트의 영향으로 말기의료를 선택한 환자의 비율이다. 조사 대상이 다른데도 이와 같은 비교가 가능한 것은 제2그룹과 제3그룹의 환자 분포가 확률적으로 독립된 것이기 때문이다.

현의 차이가 환자의 의사결정에 어떤 영향을 미치는지를 분석한 것이다.

앞에서 소개한 대장암 진단의 수진율 향상을 위한 넛지 사례에서와 같이 이득 메시지를 받는지, 손실 메시지를 받는지에 따라 결과가 달라지는 것은 이미 알고 있다. 그렇다면 이와 같은 메시지의 차이에 의해 치료를 받을 것인지 여부의 선택에는 어떤 차이가 생기는 것일까.

메시지를 받는 환자들에게는 우선 다음과 같이 말해 두었다.

"당신은 검진을 받으러 병원에 갔을 때 정밀검사를 받아보는 게 좋을 것 같다는 말을 들었습니다. 검진 결과 초기 암이란 진단이 나왔습니다. 현재 당신에게 자각 증상은 없습니다. 의사로부터 'A라는 치료를 받으면 구역질이나 나른함, 탈모 등의 부작용이 생깁니다. 하지만 의학적으로 가장 추천할 만한 치료는 A입니다. 치료를 받지 않으면 나을 가능성은 없습니다'라는 말을 듣습니다."

이렇게 설명한 다음 '다만, 치료 A로 나을 확률은 90%입니다'라는 이득 메시지와 '다만, 치료 A로 낫지 않을 확률은 10%입니다'라는 손실 메시지를 전한다. 이득 메시지의 경우에는 91.7%의 환자가 치료 A를 받을 것이라고 응답했다. 한편 손실 메시지의 경우에는 치료 A를 받을 것이라고 응답한 환자는 79.3%였다.

치료 A의 성공 확률 수치를 바꿔서 메시지를 전달해도 본질적으로는 같은 결과가 나왔다. 예컨대 "치료 A로 나을 확률은 10%입니다"라고 전해도 치료 A를 받을 것이라고 응답한 환자는 45.7%였는데, "치료 A로 낫지 않을 확률은 90%입니다"라고 설명한 경우에는 33.5%의 환자만이 치료 A를 받을 것이라고 응답했다.

이처럼 메시지를 어떻게 표현하느냐에 따라 영향을 받는 사람은 무시할 수 없을 만큼 많다. 그 외에도 성공 확률을 다양하게 바꿔가며 질문을 해도 이득 메시지와 손실 메시지에서 응답을 바꾸지 않은 사람은 60% 정도나 되었다. 역으로 말해 40%의 환자는 메시지의 영향을 받지 않았다. 역시 경험이 없고 이해하기 어려운 것에 대해서는 메시지의 표현에 따라 의사결정이 좌우되는 것이다.

치료법의 설명

그렇다면 의학적으로는 그다지 권하기 어려운 치료법에 대해 설명하는 경우에는 어떨까. 이번에는 응답자를 6개 그룹으로 무작위로 나눴다.

우선 제1그룹에는 의사가 "애석하게도 암 치료를 더 이상 할 수가 없네요. 그럼에도 굳이 원하신다면 치료 C가 있긴 합니다. 다만 의학적으로 효과가 있다는 것이 충분히 밝혀지지 않았고 부작용이 생길 수도 있습니다"라고 설명한 후에 치료 C를 받을 것인지 여부를 물어보았다. 이것이 기본 메시지이다.

제2그룹에는 "치료 C란 방법도 있지만 의학적으로 효과가 있다는 것이 충분히 밝혀지지 않았고 부작용이 생길 수도 있습니다"라고 설명한 후, "결론적으로 말씀드리면 애석하게도 저로서는 더 이상 치료를 받지 않는 것이 당신에게는 최선의 선택이란 생각이 드네요"라고 의사가 직접 적극적 치료를 권하지 않는다고 말했다.

제3그룹에는 제2그룹과 전반부의 설명은 같고 후반부는 "당신과 같은 상황에서는 많은 환자분들이 더 이상 치료받지 않는 것을 선택하셨습니다"라고 달리 설명하였다. 이것은 다수파를 강조하는 사회규범 메시지이다.

제4그룹에는 후반부의 설명으로 "치료를 받지 않으면 부작용이 생기는 일도 없고 퇴원하여 자택에서 지내거나 외출하실 수도 있을 겁니다"라는 표현을 사용하였다. 이것은 자신의 이득을 강조하는 메시지이다.

제5그룹에는 제4그룹과 약간 다르게 후반부가 "치료를 받지 않으면 부작용이 생기는 일도 없고 퇴원하여 자택에서 지내거나 외출하실 수도 있습니다. 그러면 당신뿐만 아니라 가족들도 좋은 시간을 보낼 수 있으실 겁니다"로 되었다. 이것은 자신과 가족 모두의 이득을 강조하는 메시지이다.

그리고 제6그룹에 대해서는 후반부에 "또한 치료를 받으실 경우에는 사회보험료(국가에 대한 개인의 부담)로 1,000만 엔이 듭니다"라고 추가하여 설명하였다. 이것은 사회적 비용을 강조하는 손실 메시지에 해당한다.

제1그룹에 대한 기본 메시지에 대해서는 권장되지 않은 치료 C를 선택하겠다고 대답한 사람이 21.6%였다. 치료 C를 선택하겠다고 대답한 사람이 가장 적었던 곳은 제6그룹, 즉 '치료를 받으실 경우에는 사회보험료

(국가에 대한 개인의 부담)로 1,000만 엔이 듭니다'라는 사회적 비용 부담을 강조하는 손실 메시지를 받은 그룹이었다. 이 그룹에서 치료 C를 선택하겠다고 응답한 사람은 15.3%로 기본 메시지를 받은 사람들에 비해 6.3%나 적었는데, 이는 통계적으로도 의미 있는 차이였다.

한편 '치료를 받지 않으면 부작용이 생기는 일도 없고 퇴원하여 자택에서 지내거나 외출하실 수도 있을 겁니다'와 같이 자신의 이득을 강조하는 메시지를 받은 제4그룹에서는 16.4%의 사람들이 권장되지 않은 치료 C를 선택하겠다고 응답하였다. 제6그룹과 제4그룹을 제외한 나머지 그룹에서는 치료 C를 선택한다고 대답한 사람의 비율이 기본 메시지를 받은 제1그룹과 그다지 다르지 않았다.

그렇다면 사회적 비용을 강조하는 메시지에는 문제가 없는 것일까. 이 연구에서는 메시지가 주는 인상에 대해서도 물어보았다. '국가에 대한 부담이 1,000만 엔'이라는 메시지를 받은 사람은 '버려진 것처럼 느꼈다', '개선할 필요가 있다'고 대답하는 경우가 많았다. 마찬가지로 기본 메시지와 비권유 메시지를 받은 사람들도 '버려진 것처럼 느꼈다', '괴롭다고 느꼈다'고 하는 의견이 많았다. 넛지로서 효과가 크다고 하는 점뿐만 아니라 메시지를 받는 사람의 기분을 존중하는 것도 실제로 넛지를 이용하는 경우에는 중요한 것이다.

자신뿐만 아니라 가족의 이득까지도 추가로 고려한 메시지는 효과가 클 것으로 예상되었지만, 결과는 기본 메시지의 경우와 같았다. 자신에 대한 이득만을 고려하는 메시지라면 효과가 있었을 텐데, 메시지가 복잡해진 까닭에 효과가 약해졌을 것이라 추측된다. 메시지는 많은 정보를 담지 않고 심플한 것이 효과적이다.

3. 성과의 불확실성을 고려한다

다이어트를 위한 넛지

건강행동health behavior, 즉 건강에 신경을 쓰는 행동이 어려운 한 가지 이유는 그 행동이 곧장 결과로 나타나지 않는다는 특성 때문이다. 너무 살이 쪄 체중을 줄이기 위한 운동을 시작해도 그 성과로 체중이 감소하기까지는 몇 주일이 걸린다.

의사가 체중 감소라는 성과 자체를 목표로 운동할 것을 권했다고 하자. 장래의 일을 그다지 생각하지 않는 사람이라면 그렇게 먼 장래의 이득을 위해 현재의 즐거움을 참아가면서까지 운동하거나 식사 조절을 하는 것은 매력적이지 않다. 따라서 체중 감량은 안 된다. 현재 바이어스가 강한 사람이라도 의사가 권했기 때문에 시도는 하겠지만, 오늘부터 바로 실행에 옮기려 하지는 않을 것이다. '내일부터는 정말'이라고 미루기 때문에 결국 감량에는 실패한다.

또 한 가지 문제는 건강행동의 성과가 불확실하다는 점이다. 매일 식사량을 제한하거나 운동을 지속한다고 해도 목표한 수준까지 체중이 빠진다고 장담할 수는 없다. 결국 감량에 성공하지 못하는 원인은 오늘의 건강행동의 성과가 오늘 확실하게 나타나지 않는 데 있다. 이때는 감량이라는 장래의 목표만이 아니라 오늘 취한 행동에 대한 직접적인 보수가 얻어질 수 있도록 하는 것이 해결책이 된다. 예컨대 3개월 후에 체중을 5kg 뺀다는 목표만이 아니라 매일 체중계에 올라가 몸무게를 재거나 매일 7,000보 이상 걷는 것을 목표로 설정하고 이를 달성하는 것을 보수로 인식하게 한다면, 건강행동과 보수가 즉시 얻어질 수 있으므로 미루기 문제는 발생하지 않는다.

그렇다면 체중 재기나 7,000보 이상 걷는 것을 계속하게 하기 위한 넛지는 있을까. 만일 누군가가 금전적 보수를 준다고 하면 매일 체중계에 올라가거나 걷는 사람도 있을 것이다. 금전적 보수가 아니라도 스마트폰 게임에 사용할 포인트를 준다고 하면 어떨까. 스마트폰 게임 중에는 걷는 거리에 따라 포인트를 받을 수 있는 것도 있다. 체중계와 연동시키는 게임이 있으면 매일 체중을 재는 습관이 생길지도 모른다.

손실회피를 이용하는 인센티브도 생각해볼 수 있다. 처음에 일정액의 금전이나 포인트를 주고, 체중을 재지 않았거나 7,000보를 걷지 않을 경우 얼마씩 금전이나 포인트를 차감해가는 것이다.

커미트먼트 수단을 제공하는 것도 가능하다. 목표를 정하여 일정 금액을 맡겨두고, 목표가 달성되지 못하는 경우 맡겨둔 돈이 몰수되는 것이다. 최초에 자신이 가장 싫어하는 단체에 기부하는 형태로 계약을 맺어두는 것도 효과적이다. 축구나 야구팬이라면 자신이 응원하고 있는 팀의 라이벌 팀에 자신이 모아둔 돈을 기부하는 것이다. 실제로 미국에는 이와 같은 사이트가 존재한다.

더욱 간단하게는 '키치키치 다이어트'라는 커미트먼트 수단도 제안된 바 있다[4]. 자신이 오른손잡이라면 오른손 엄지손톱에 '키'라는 글자를 써두게 한다는 것이다. 이렇게 하면 식사할 때 반드시 '키'라는 글자를 보게 되어 자신이 다이어트를 하고 있음을 상기하는 효과가 있다고 한다(요컨대 다이어트를 하고 있다는 사실을 잊지 않게만 하면 되므로 '키' 대신 '다'라고 적어도 괜찮다).

사회규범이나 피어 효과를 이용할 수도 있다. 이를 위해서는 스마트폰 앱에서 감량을 목표로 하는 그룹을 찾아 들어간 다음, 매일 어느 정도 목표를 달성했는지에 관한 정보를 보내 다른 사람과 비교하면 된다.

증여교환을 이용하는 것도 가능하다. 헬스센터에서 고객이 감량 목표를 달성하지 못하면 담당 트레이너의 평가가 낮아지도록 트레이너 측에 커미트먼트를 설정해둔다. 이러한 인센티브 장치를 걸어두면, 트레이너는

---

4) 일본의 생명과학자 나카노 도루仲野徹 교수가 「다이어트 입문의 달인」이라는 칼럼에서 소개한 것으로, 그는 '키치키치きっちきち−'를 시작할 용기와 자제심이 조금이라도 있으면 충분히 다이어트를 할 수 있으므로, 이를 통해 체중이 감소해가면 왠지 모르게 쾌감이 생겨 무의식적으로 다이어트를 계속하고픈 마음이 든다고 한다.

고객에게 빠지지 말고 센터에 오라고 자주 연락하게 되고 식생활에 관한 조언도 하게 된다. 고객은 트레이너로부터 받는 서비스를 증여라고 느끼게 되면 이에 부응하기 위해서라도 센터를 찾게 되고 식생활에도 신경을 쓰게 된다. 이와 같이 증여교환을 이용함으로써 감량 목표를 달성하기 쉬워지게 되는 것이다.

디폴트를 이용하는 것도 생각해볼 수 있다. 즉, 식사나 운동을 규칙화하는 것이다. 식사 때에 '밥은 한 그릇까지', '채소부터 먹는다', '밤 9시 이후에는 먹지 않는다'라는 규칙을 설정하거나, 걷는 것을 포함하는 규칙을 출퇴근 수단으로 채용하는 것이다.

실제로 체중 감량에 관한 넛지 연구가 몇 가지 있는데, 이들은 소액이라도 금전적 보수에는 효과가 있고, 손실 프레임이 이득 프레임보다 효과가 크며, 커미트먼트 수단도 효과가 있음을 보여주고 있다. 걷는 것으로 포인트가 늘어나는 '포케몬 GO'와 같은 스마트폰 게임을 하고 있는 사람들의 하루 걸음 수가 증가했다고 하는 실증 연구도 있다.

〈표 7-1〉은 다이어트를 위한 넛지의 사례를 정리한 것이다. 다만 이와 같은 넛지의 사용을 중단한 이후에

도 건강행동이 습관으로 유지되는지 여부에 대해서는 잘 모른다. 또한 이들 넛지에 길들여진 나머지 장기적으로 효과가 감소할 가능성도 있다.

복제약품으로 바꿈

최근에는 정부도 정책을 수립하는 데 행동경제학을 응용하기 시작했다. 예컨대 복제약품(후발의약품)의 사용을 촉진하기 위해 디폴트를 이용하고 있는 것이다.

후생노동성은 의료비를 낮추기 위해 복제약품의 사용을 촉진하고 있는데, '경제재정 운영과 개혁의 기본방침 2015'에서는 2020년까지 전체 약품 가운데 복제약품이 차지하는 비중(수량 기준)을 80% 이상으로 한다는 목표를 세우고 있다. 참고로 이 비중은 2018년 9월 현재 72.6%이다. 2005년에는 32.5%에 지나지 않았지만 다양한 정책 노력에 힘입어 여기까지 상승한 것이다.

약국 보험에서는 복제약품을 조제할 때 가산점수를 주는 금전적 인센티브도 사용되어왔지만, 주목할 것은 디폴트의 변경이라는 넛지의 활용이다. 이에 대해 좀 더 구체적으로 설명해보기로 하자.

대책	구체적 사례	넛지
체중 감량이라는 장래의 목표만이 아니라 오늘의 행동을 목표로	목표가 곧장 보수로 이어지도록 한다. · 매일 체중계에 올라가 계측한다. · 매일 7,000보 이상 걷는다.	목표 달성의 보수→금전적 보수, 스마트폰 게임의 포인트 등 비금전적 보수 손실회피를 이용한다→처음에 일정액의 금전이나 포인트를 주고, 체중을 달지 않았거나 7,000보를 걷지 않을 경우 얼마씩 금전이나 포인트를 차감한다.
커미트먼트 수단을 이용	목표를 정하고 목표가 달성되지 않은 경우의 벌칙을 정해둔다. 감량 중에 있음을 의식하기 쉽게 한다.	일정 금액을 맡겨두고, 맡겨둔 돈이 몰수된다. 키치키치 다이어트→좀 더 많이 사용하는 손의 엄지손톱에 '키'라고 써둔다.
증여교환을 이용	감량 동지 간 정보 교환이나 격려 의사나 트레이너가 특별 관리 서비스를 하고 있다고 느끼게 한다.	상호 격려 트레이너로부터의 개별 메일이나 자문
디폴트를 이용	운동이나 식사 조절을 규칙화한다.	출퇴근 시 걷는 규칙을 채용 밤 9시 이후에는 먹지 않는다. 밥은 한 그릇까지만
사회규범을 이용	주변 사람의 운동량을 참조점으로 한다.	같이 감량하고 있는 사람들의 평균적 운동량을 알려준다.

〈표 7-1〉 체중 감량을 위한 넛지

2008년 이전에는 복제약품으로 변경할 수 있다고 의사가 판단을 내려 처방전에 서명하는 경우, 환자는 복제약품을 사용할 수 있었다. 그러다 2008년에 들어와서는 '복제약품으로의 대체'가 인정되지 않는 경우에 한해 의사로 하여금 '복제약품으로 변경 불가'란에 서명토록 제도와 양식이 변경되었다. 즉, 2008년 이전까지는 디폴트가 신약(선발의약품)이었으나 2008년 이후로는 디폴트가 복제약품으로 변경된 것이다. 게다가 2012년에는 처방된 약마다 복제약품으로 변경할 것인지 여부를 체크하도록 하였는데, 이때에도 체크 표시가 없으면 복제약품을 사용해도 좋다는 것으로 받아들여져 디폴트는 여전히 복제약품이었다.

일본 전국에서 복제약품을 사용하는 비율은 상당히 높아졌으나 지역 차는 여전히 크다. 2017년의 경우 전국 평균은 69.8%였는데 오키나와는 80.4%, 가고시마는 77.3%, 이와테는 75.9%로 높았던 반면 도쿠시마는 61.3%, 야마나시는 64.4%, 고치현縣은 64.4%로 낮았다. 정부는 복제약품 사용 비율이 낮은 지역(도·도·부·현[都道府縣])을 공표하여 개선을 촉구하고 있다. 이와 같이 지역 차를 공표하여 각 지역에 노력을 경주하게 하는 것도 사회규범을 이용하는 일종의 넛지다.

복제약품 사용 비율이 가장 낮았던 도쿠시마현은 넛지를 이용하여 이 비율의 향상을 꾀한 바 있다. 3개 현립縣立 병원과 모범약국은 일반약품을 처방하는 것과 마찬가지로 복제약품을 선택할 수 있음을 설명하는 전단지를 만들어 환자에게 배포하였다. 이는 복제약품으로 변경할 것을 환자에게 촉구하는 정책을 실험적으로 실시하여 그 효과를 검증하기 위한 것이었다.

그 결과 모범약국의 복제약품 사용률은 1년 동안 약 10% 상승했다. 특히 병원과 약국 모두에서 전단지를 받은 환자의 효과가 그 절반을 차지했다고 한다. 게다가 이러한 정책이 완료된 후에도 복제약품 사용률은 낮아지지 않았다. 즉, 정보 제공이라는 넛지에 영속적인 효과가 있었던 것이다. 복제약품에 관한 정보를 전단지를 통해 새롭게 알게 되었던지 전단지에 의해 선동되어 그런지 여하튼 사람들의 행태가 바뀐 것 같다.

한편 후쿠이현에서는 당뇨병 및 소아만성질환 환자 가운데 신약을 받은 환자에게 복제약품으로 변경하면 약값을 얼마나 절약할 수 있는지를 알리는 메시지와 복제약품으로 변경할 것을 권하는 메시지를 송부하는 실

험을 한 적이 있다. 그 결과 당뇨병 환자의 25.6%, 소아
만성질환 환자의 15.6%가 복제약품으로 바꿨다고 한
다. 이것도 알기 쉬운 정보를 제공하는 넛지를 통해 사
람들의 행동이 변하는 사례이다.

4. 장기 제공의 넛지

영국에서의 실험

일본에서는 2018년 9월 현재 장차 장기를 제공하겠
다고 등록한 사람의 숫자가 1만3,603명이다. 한편 연간
장기 이식을 받는 사람은 늘고는 있지만 2017년 기준으
로 380명에 불과하다. 게다가 뇌사 시 장기 제공은 원
래 적었다. 특히 장기 제공 의사 표시를 하는 사람의 비
율이 낮은 것이 문제였다.

2010년 장기이식법이 개정되어 본인의 의사 표시가
없는 경우에도 가족이 승낙하면 뇌사 상태에서 장기 제
공이 가능해졌다. 그해 이후 장기를 제공하는 건수가
늘었지만 이들 대부분은 본인의 의사 표시가 아니라 가

족의 승낙에 의한 것이었다. 즉, 개정 장기이식법 시행 이후 장기 이식의 77.4%는 가족 승낙에 의한 것이었다. 본인의 의사 표시가 적은 것은 장기 이식을 늘리는 데 문제가 된다.

장기 제공의 의사 표시가 디폴트를 어떻게 설정하는 지에 따라 크게 영향을 받는다는 것은 이미 설명한 바 있다(제2장 참조). 그러나 일본처럼 뇌사 시 장기 제공을 희망하는 사람의 비율이 40% 정도밖에 안 되는 나라에 서 '장기 제공의 의사 있음'을 디폴트로 하는 옵트·아웃 제도를 도입하는 것은 윤리적으로도 큰 문제가 있다. 그렇다면 의사 표시를 하는 사람을 늘릴 수 있는 넛지 는 없을 것인가.

영국의 행동통찰팀은 웹에서 운전면허를 갱신할 때 장기 기증자 등록을 권유하기 위한 넛지로서 무엇이 좋 은지 알아보기 위해 랜덤화 비교시험을 하였다. 운전면 허 갱신 시에는 교통사고를 방지하기 위해 사고나 안전 운전에 관한 정보를 제공하므로 장기 제공의 의사 표시 를 권유하는 타이밍으로 훌륭하다. 이 시험에서는 108 만5,322명을 8개 그룹으로 무작위 분류한 다음, 면허증 갱신이 끝난 시점에 8개의 서로 다른 넛지를 참조하여 장기 기증자 등록을 하도록 당부하였다.

1번 넛지에는 '장기 기증자 등록을 부탁합니다'와 같이 절제된 메시지를 표시하였다. 2번 넛지는 1번 메시지에 더해 '매일 이 페이지를 본 수천 명의 사람이 등록하고 있습니다'라고 하는 사회규범을 강조한 메시지이다. 3번 넛지는 2번 메시지에 장기 기증자 등록을 한 사람들의 단체사진을 추가했고, 4번 넛지는 장기 기증자 등록을 하고 있는 영국 국립혈청서비스의 하트 모양 로고 마크를 추가했다. 3번 및 4번 넛지는 시각적으로 메시지를 부각시키는 효과를 노린 것이다.

5번 넛지는 '장기 제공이 충분하지 않아 매일 3명이 죽어갑니다'라는 손실 메시지이고, 6번 넛지는 '당신이 장기를 제공함으로써 9명까지 목숨을 구할 수 있습니다'라는 이득 메시지이다. 7번 넛지는 '당신은 장기 이식이 필요할 때 장기를 제공받겠습니까. 그렇다고 한다면 다른 사람을 도와주세요'라는 호혜성에 호소하는 메시지이다. 8번 넛지는 '당신이 장기 제공을 지지한다면 그 마음을 행동으로 보여주세요'라는 것이다. 이는 의도하고 있는 것과 행동에 차이가 있을 수 있음을 깨닫게 하여 행동변용alternation of behavior을 촉구하는 것으로, 운동이나 금연에 관한 연구자들의 식견을 기초로 하고 있다.

비교시험 결과는 어땠을까. 1번 넛지의 절제된 메시지와 비교해볼 때, 장기 기증자 등록 수가 가장 많았던 것은 7번 넛지의 호혜성 메시지였다. 그다음이 5번 넛지의 손실 메시지였고, 그 밖의 메시지들도 사람들의 사진을 추가한 3번 넛지 외에는 모두 효과가 있었다. 연구자들은 단체사진의 효과가 없었던 것은 자료 사진이 마케팅 전략으로 이용되었을 것이라는 인식을 사람들에게 심어주었기 때문일지도 모른다고 생각하였다. 그렇기 때문에 아무리 효과가 있어 보이는 수법이라 하여도 실제로 검증해볼 필요가 있는 것이다.

일본에서의 실험

영국에서는 호혜성 메시지와 손실 메시지가 장기 기증자 등록 수를 늘리는 데 효과적이었다. 하지만 넛지의 유효성은 문화에 따라 달라질 가능성이 있다. 일본에서도 영국과 동일한 넛지가 유효할까. 필자를 포함한 연구그룹은 일본의 한 운전면허센터에서 면허증 갱신에 관한 설문서가 붙은 전단지를 배포하여 메시지의 효과를 검증하였다.

이 센터에서는 운전면허 갱신을 위한 강습을 실시하는데, 강습이 시작되기까지 기다리는 시간에 설문지를 작성하게 하고 센터에서 나갈 때 이를 회수하였다. 배포된 7,615장의 설문지 가운데 회수된 것은 3,729장이고 유효 응답 수는 3,375였다.

메시지는 여섯 종류이다. 메시지 1은 '이미 많은 사람들이 장기 제공의 의사 표시를 하였습니다'로 피어 효과를 이용해 사회규범을 상기시키고자 하는 것이다. 메시지 2는 '당신의 의사 표시로 6명의 사람들이 목숨을 건질 수 있을지도 모르겠습니다'라는 이득 메시지이고, 메시지 3은 '기증자가 많지 않아 매주 5명이 목숨을 잃어가고 있습니다'라는 손실 메시지이다. 메시지 4는 '당신도 다른 사람에게서 장기를 제공받을 필요가 있을지도 모릅니다'라는 호혜성에 호소하는 것이고, 메시지 5는 메시지 1에 메시지 4를 추가한 것이다. 메시지 6은 장기 이식에 관한 설명문 형식이다.

상기 여섯 종류 메시지의 효과를 더욱 상세히 살펴보기 위해 운전면허 갱신 시기가 다가오는 일본의 전 국민을 대상으로 하는 웹 설문조사도 실시하였다. 운전면 허센터에서의 설문조사에서는 제공할 것인지 제공하지 않을 것인지에 관한 의사 표시 여부만을 묻고 있는 반면, 웹을 통한 설문조사에서는 제공 의사의 유무를 기입하는 것에 더해 제공한다는 의사 표시를 할 것인지 하지 않을 것인지 여부까지 물어보았다.

설문조사 결과는 어땠을까. 웹을 통한 설문조사든 면허센터에서의 설문조사든 호혜성 메시지는 의사 표시를 늘리는 데 공헌하였다. 한편 손실 메시지는 지역 간 차이를 보였다. 특히 장기 제공의 의사 표시를 할 것인지 하지 않을 것인지 여부에 대한 질문에 대해서는 피어 효과를 이용해 사회규범을 상기시키는 메시지도 효과가 있었다. 일본 국내에서도 유효한 넛지에 지역성이 있다는 것, 영국과 마찬가지로 호혜성 메시지나 사회규범 메시지는 유효했지만 이들 두 가지를 함께 담은 메시지는 효과가 없었다. 메시지가 복잡하면 넛지로서의 유효성이 떨어질 가능성이 있는 것이다.

제8장
공공정책에 대한 응용

1. 소비세 문제

무거워 보이는 소비세 부담

'정률의 소득세[1]이 10%일 때, 소득이 100만 엔인 사람은 소득세를 얼마나 낼까?'

이 질문에는 많은 사람이 바로 답할 수 있을 것이다. 정답은 10만 엔이다($100 \times (\frac{10}{100})$). 그렇다면 다음 질문은 어떨까.

'소비세율이 10%일 때, 소비지출 총액이 100만 엔인 사람은 소비세를 얼마나 낼까?'

잠깐이라도 처음 질문과 마찬가지로 $100 \times (\frac{10}{100}) = 10$만 엔이라 생각한 사람이 많은 것은 아닐까. 정확하게는 9.1만 엔($100 \times (\frac{10}{100+10}) \fallingdotseq 9.1$)이다. 조금 생각해보면 소득세는 외세外稅이고 소비세는 내세內稅이므로[2] 세율이 같아도 지급하는 세액이 다르다는 것을 알게 된다. 그럼에도 세금 부담을 논의할 때에는 무심결에 비율이 같

---

1) 정률이란 소득이나 소비지출 금액 등과 관계없이 세율이 일정한 것을 말한다. 소득세의 경우에는 이자소득세, 부가세 등이 정률제가 적용되고, 그 외 많은 경우에는 소득이 많아질수록 세율도 높아지는 누진제가 적용된다.
2) 우리나라에서는 내세, 외세라는 개념을 사용하지 않고 있어 적당한 번역어를 찾기 어렵다. 본 절의 중간쯤(외[與]계산 바이어스) 상세한 설명이 나오지만, 내세는 소비세와 같이 과세 베이스(과세표준)가 세금을 납부한 후에 남는 금액임에 반해 외세는 소득세와 같이 세금을 납부하기 전의 전체 금액이 과세 베이스가 된다.

으면 부담액도 같다고 생각하기 일쑤다.

그렇다면 다음 질문은 어떤지 생각해보자.

'정률의 소득세율 20%로 거둬들일 수 있는 세수를 소득세 대신 소비세로 거둬들인다면 소비세율을 어느 정도로 하면 좋을까?'

이에 답을 내기 위해서는 몇 가지 전제가 필요하다. 문제를 단순화하기 위해 사람들은 소득액 전부를 소비에 써버리고 저축은 일절 하지 않는다고 가정하자. 이상하게 생각할지 모르지만 일본의 국내총생산(GDP) 통계를 보면 2005년 이후의 가계저축률은 거의 제로였다. 더욱이 2013년에는 -0.6%였다가 2017년에는 2.5%로 조금 올랐다. 일본에서 가계저축률이 높았던 것은 2000년 이전이다. 저축 잔고가 제로라는 것은 아니고, 가계 전체적으로 볼 때 근로세대가 저축한 것을 은퇴세대가 거의 전부 까먹는다는 것을 의미한다. 또한 세금공제가 없는 정률 소득세를 상정하고 있는 것에 대해서도 위화감이 있을지 모르지만, 소득을 보전해주는 원천이 되는 사회보험료는 정률이다.

결론부터 말하면 이들 가정과 전제하에서 20%의 소득세율과 동등한 세수를 올리는 소비세율은 25%가

된다. 소득이 100만 엔이라면 소득세율 20%로 거둬들이는 세수는 20만 엔, 가처분소득은 80만 엔이 된다. 소득세가 없는 경우에는 가처분소득이 100만 엔이므로, 이로부터 20만 엔의 세수를 거둬들이려면 소비세율을 25%로 책정하면 된다. 왜냐하면 $100 \times (\frac{25}{100+25})$=20만 엔이 되어 소득세율 20%와 동등한 세수를 올릴 수 있기 때문이다.[3] 세수는 같은데 소득세로 과세할 경우에는 20%면 되고 소비세로 과세할 경우에는 25%나 되니, 머리로는 이해하겠지만 소비세 부담이 훨씬 더 무거워 보이는 것이다.

세금 부담은 같아도 소비행동이 바뀐다

소비세 인상에는 많은 국민이 반대하지만, 사회보험료가 매년 올라가고 있는 것에 대해서는 반대의 목소리

---

3) 이와 같은 계산 방법을 이해하기 어렵거나 불편한 독자들을 위해 부연 설명하자면 다음과 같다. 소비세율과 소득세율이 공히 20%, 소비액과 소득액이 공히 100만 원이라고 하면, 소비세의 과세표준은 100-100×0.2=80만 원이고, 소득세의 과세표준은 그냥 100만 원이다. 따라서 소비세는 80×0.2=16만 원인 반면 소득세는 100×0.2=20만 원으로 세금 부담은 소득세가 4만 원 많다. 이때 양자가 세금 부담 측면에서 같아지기 위해서는 소비세율을 20%에서 25%로 올려 소비세를 80×0.25=20만 원으로 하거나, 소득세율을 20%에서 16%로 낮춰 소득세를 100×0.16=16만 원으로 해야 한다.

가 그리 크지 않다. 그 까닭은 소비세 부담을 더욱 무겁게 느끼는 인지적 특성에서 비롯된 것이 아닐까.

전통경제학에서는 정률 근로소득세와 정률 소비세[4]를 같은 것이라 여겨왔다. 사람들은 자신이 벌어들인 소득을 생애에 걸쳐 쓴다고 하는 예산의 제약하에서 살고 있으므로, 정률의 세제라면 그것이 소득에 부과되든 소비에 부과되든 같다고 생각했기 때문이다. 그러나 실제로는 이들이 크게 다른 것으로 인식되고 있다. 세금 부담은 같아도 심리적으로는 다른 것처럼 느껴지기 때문이다. 가령 이들을 같은 것으로 보는 전통경제학적 견해가 옳다고 해도, 현실에서는 어떤 세제가 바람직한가 하는 문제에 관심이 모아질 수 있다. 이는 어느 쪽의 행정비용이 더 큰지의 문제로 귀결된다.

이론적으로는 소비세와 정률 근로소득세가 동치同値라고 하여도 실은 자세히 설명하지 않으면 모르는 사람이 많다. 그럴 경우 사람들은 실제로 두 가지 세제에 대해 서로 다른 행동을 취할 가능성이 있다. 현장 노동자

---

4) 소비세는 대부분의 경우 상품이나 서비스의 가격과 관계없이 동일한 세율이 부과되므로 정률이다. 물론 사치재 등에 대한 소비세는 누진율이 적용되므로 정률이 아닌 경우도 있기는 하다. 이하에서는 편의상 정률이란 표기를 생략하기로 한다. 필자도 그렇게 하고 있다.

를 실험 대상으로 하여 소비세와 근로소득세의 등가성 等價性이 성립하는지를 검증한 연구가 있다. 실험 내용은 다음과 같다.

① 실험 참가자는 주어진 시간(3분)을 이용하여 계산 문제를 푼다. 이 작업은 도중에 중단될 가능성이 있는데, 중단된 시간은 주스 쿠폰으로 보상한다.

② 계산 문제의 정답 수에 상응하여 식품 쿠폰을 선택하게 한다. 경제 이론에 대응해보면 주스라는 보수는 '여가', 식품이라는 보수는 '소비'에 해당한다.

연구자들은 이러한 설정하에서 이론적으로는 동등하다고 생각되는 소득세 또는 소비세를 부과한 다음, 실험 참가자의 행동이 이들 양자 간에 차이가 나는지 검증하였다. 그 결과, 소득세를 부과한 경우에는 소비세를 부과한 경우에 비해 작업시간이 통계적으로 유의하게 짧았고 소비도 적었다.

연구자들은 세금이 부과되는 타이밍이 이러한 결과를 내는 데 영향을 미쳤을지 모른다고 생각하였다. 즉, 소득세가 부과되는 경우에는 소비세가 부과되는 경우에 비해 계산 문제를 푸는 단계에서 이미 손에 쥐어지는 보수가 적어질 것임을 알게 되어 작업 의욕이 감퇴했을 수 있다는 것이다. 이에 비해 소비세의 경우에는 쿠폰을 이용해 소비를 하는 단계에 와서야 비로소 세금을 포함한 가격이 올라서 소비가 줄어듦을 알아차리게 될 가능성이 있다. 이 연구는 근로자의 노동 의욕을 꺾는 데 소득세가 소비세보다 영향력이 더욱 큼을 보여주고 있다.

즉, 본질적으로는 동일한 세금이라도 사람들의 행동에 미치는 영향은 다르게 나타나는 것이다. 이와 같은 결과는 실험실 내에서의 실험뿐만 아니라 실제로 슈퍼마켓에서 가격 표시를 바꾼 실험에서도 관찰된다. 연구자들은 미국의 슈퍼마켓에서 세금을 뺀 가격표를 진열하면서 일부 상품에 대해서만 세금을 포함한 가격을 추가로 표시하는 실험을 하였다. 그 결과, 세금 포함 가격을 추가로 표시한 상품의 매출은 평균 8% 감소했다. 표시의 차이가 사람들의 구매행동을 변화시킨 것이다. 즉, 소비자는 세금을 포함하면 어느 상품이든 가격이 같고 세율이 얼마인지도 잘 알고 있으면서도 구매행동을 바꿔버린 것이다. 일본에서는 총액(내세[內稅])을 표시하는 것이 의무이지만, 소비세전가대책특별조치법으로 2013년 10월 1일부터 2021년 3월 31일까지 세금을 뺀 가격 표시가 허용되었다. 이러한 특례가 소비자의 행동에 영향을 미치고 있는지도 모르겠다.

본질적으로는 동일한 소비세와 소득세이지만 노동 의욕이 달라지고, 세금 부담이 같음에도 구매행동이 변하는 까닭은 우리들이 소비세를 무시하고 행동하기 때문이 아닐까. 소득세를 부과하는 경우에는 노동을 통해 실제로 손에 쥘 수 있는 임금(즉, 실수령임금)이 낮아지는 것을 아는데, 이때에는 이렇듯 소득세 부담을 의식하는 관계로 노동 의욕이 줄어든다. 한편 소비세를 부과하는 경우에는 소비세 부담을 고려하지 않고 실제로 노동을 공급한다. 결국 '소비세 무시 바이어스' 때문에 소비세와 소득세의 등가성은 성립하지 않는 것이다.

오(誤)계산 바이어스

세금 부담을 오인하게 하는 요인은 세금의 존재를 무시하게 하는 바이어스뿐만이 아니다. 세금의 존재를 고려해도 세금 계산 방법이 잘못되면 세금 부담을 오인하는 것과 똑같은 일이 생긴다. 현실적으로는 세제가 복잡해서 어떻게 행동하면 세금 부담을 줄일 수 있을지 정확히 계산하고 있는 사람이 그리 많지 않을 수도 있다. 실제로 실험 참가자는 간단한 누진소득세제하에서는 최적의 행동을 취할 수 있지만, 복잡한 누진소득세제하에서는 최적 행동을 취하지 못함을 밝힌 연구도 있다. 소득세의 '오계산 바이어스' 때문에 세금 부담을 오인하는 일이 생긴다고 생각할 수 있는 것이다.

실제로 실험을 통해 본 절 모두冒頭의 계산 문제를 제대로 푸는지 확인한 연구가 있다. 우선 실험 참가자에게 다음과 같은 단순한 작업을 시켜보았다. 특정 세율의 소비세와 근로소득세를 제시한 다음, 실험 참가자로 하여금 어떤 세제로 보수를 받을 것인지 선택하게 했다. 이들에게 제시된 것은 다음과 같은 네 가지 세율의 조합이다. 첫째, 세금 부담이 동등한 소득세(20%)와 소비세(25%). 둘째 및 셋째, 20%의 소득세에 비해 세금 부담은 작지만 겉보기에는 세율이 높은 소비세(24%, 22%). 넷째, 소득세(20%)에 비해 세금 부담은 작지만 겉보기에는 세율이 같은 소비세(20%). 전통경제학 입장에서는 소득세와 소비세의 등가성이 성립한다면, 소비세율이

25% 미만일 경우 전원이 소비세를 선택하는 것이 지당하다.

그러나 실험 참가자 가운데 많은 이들은 명목세율의 대소大小를 소득세와 소비세를 선택하는 판단 기준으로 하고 있는 것으로 드러났다. 즉, 소비세율이 소득세율보다 높으면 소득세를 선호하는 것이다. 소비세는 과세 베이스(과세표준)가 세후 소비액임에 반해 소득세의 과세 베이스는 세전 소득액이어서 양자가 세금 부담 측면에서 같아지기 위해서는 소비세율이 소득세율보다 높아야 한다. 그럼에도 많은 참가자들은 과세 베이스의 차이를 무시하고 명목세율의 크기만으로 세금 부담을 인식하고 있었던 것이다.

사람들은 왜 경감세율을 좋아하나

일본에서는 2019년 10월부터 소비세가 10%로 인상되었는데, 공교롭게도 그 시점에 식료품에 대한 경감세율도 도입되었다. 많은 경제학자들은 경감세율 도입에 반대하고 있었다. 2014년 6월 11일의 내각부 세제조사회에서도 대부분의 위원들은 경감세율 도입에 강하게 반대하는 의견을 표명한 바 있다.

경제학자들이 반대하는 이유는 주로 다음 두 가지이다. 첫째, 경감세율은 저소득자 대책으로서 유효하지 않기 때문이다. 둘째, 경감세율은 사람들의 소비행동에 영향을 준다는 의미에서 효율성을 훼손할 수 있기 때문이다.

'경감세율은 저소득자 대책으로서 유효하지 않다'는 것에 대해서는 의문을 품는 사람이 많을 것이다. 실제로 경감세율 도입에 대해 찬반을 묻는 여론조사에 의하면 70% 정도의 사람들이 찬성하고 있는 것으로 나타났다(2013년 12월의 산케이신문·FNN[후지뉴스네트워크] 세론조사, 2014년 4월의 JNN[일본뉴스네트워크] 세론조사, 2013년 11월의 마이니치신문 조사 등). 2019년 시점에서 행해진 많은 여론조사도 경감세율 도입에 찬성하는 사람이 반대파보다 많음을 보여주고 있다.

경감세율 도입에 찬성하는 사람들의 의견은 다음과 같다. 생활필수품에 대한 소비세를 경감하는 것은 저소득자의 세금 부담을 낮춰주는 것이므로 당연히 저소득자 대책이 되는 것이 아닌가. 고소득자일수록 소비지출에서 차지하는 식료품비 지출의 비율(즉, 엥겔계수)이 낮아진다고 하는 '엥겔 법칙'은 널리 알려진 사실이 아닌가.

이러한 지적들은 모두 옳지만 한 가지 중요한 사실을 간과하고 있다. 즉, 고소득자도 생활필수품을 구입한다는 사실이다. 물론 소비지출에서 차지하는 식료품비의 '비율'은 고소득자가 저소득자보다 낮다. 그러나 식료품비의 '금액'은 고소득자 편이 크다. 결국 경감세율의 혜택을 더 많이 누리는 것은 고소득자인 셈이다.

이에 관한 재무성 시산에 따르면, 경감세율로 부담이 줄어드는 정도는 가장 소득이 낮은 계층이 연간 8,470엔임에 반해 고소득 계층은 연간 1만9,750엔으로 저소득층에 비해 두 배 이상의 혜택을 받고 있다. 소비세 인상으로 늘어나는 저소득자의 부담을 덜어주기 위해 경감세율을 도입했는데, 오히려 그 혜택은 저소득자보다 고소득자에게 더 크게 돌아가는 것이다.

경감세율은 보조금과 같다

경감세율 때문에 소비세 세수는 그만큼 줄어든다. 그렇기 때문에 일정 금액의 세수를 소비세를 통해 거둬들이려면 소비세율을 인상할 필요가 있는 것이다. 경감세율은 소비세를 일률적으로 부과하는 동시에 경감세율 대상 품목 구입자에 대해서는 마치 보조금을 지급하는 것과도 같다. 이러한 보조금은 경감세율 대상 품목 구입금액에 비례하므로, 구입금액이 큰 고소득자일수록 더 많은 보조금을 받고 있는 것은 아닐까. 게다가 경감세율은 저소득자를 우대하는 정책이라고 생각하는 사람이 많을지 모르나, 또 다른 측면에서 보면 생활필수품을 만드는 생산자에 대한 보조금의 성격도 갖고 있는 것이다.

2009년 3월 4일에는 일본에 주소를 두고 있는 개인이나 체류하는 외국인에게 일률적으로 1만2,000엔을 보조금으로 지급하는 '정액급부금'정책이 시행된 바 있다. 당시 이 정책은 돈을 마구 뿌리는 선심성 정책이라고 비판받았다. 분명 소득수준에 관계없이 지급되는 보조금은 선심성 정책일지도 모른다. 그런데 정액급부금이 선심성 정책이라고 한다면 경감세율은 정액급부금보다도 질이 나쁜 선심성 정책이다. 고소득자에게 더 많은 혜택을 주는 보조금 정책을 선호하는 사람이 과연 얼마나 있을까.

경감세율의 행동경제학

그럼에도 경감세율에 찬성하는 사람이 많은 이유는 무엇인가. 첫 번째 이유는 비율과 금액을 오해하는 데 있다. 생활필수품에 대한 지출금액은 고소득자가 저소득자보다 많지만, 전체 소비지출에서 차지하는 생활필수품의 지출비율은 저소득자가 더 높다. 이렇듯 저소득자의 지출비율이 높은 생활필수품과 같은 품목의 세율이 경감되면 저소득자는 세금을 더 많이 경감받는다고 오해하는 것이다.

두 번째 이유는 행동경제학에서 유명한 앵커 효과이다. 사람들은 절대적인 수준으로 이득과 손실을 판단하기보다는 참조점과 어느 정도 차이가 나는지를 보고 득실을 판단하는 경우가 많다. 소비세가 10%라면 이 수준이 앵커가 되어 세율이 이보다 낮으면 득을 본다고 생각한다. 경감세율이 도입되면 그만큼 세수가 줄어든다. 이를 커버하기 위해 소비세율이 인상되어 11%로 된다고 해도, 저소득자는 경감세율이 자신을 우대하기 위해 존재하는 것이라 느끼고 있지 않을까. 정가가 낮아 할인을 하지 않는 경우와 정가가 높지만 할인을 하는 경우가 있다. 두 경우 모두 가격이 같다고 해도 사람들은 할인이 있는 쪽을 득이라고 생각하기 쉽다. 정가라고 하는 가치 표시가 앵커가 되어 실제 가격과 정가의 차이로 득실을 판단해버리기 때문이다.

세 번째 이유는 중간소득자 이상의 사람들에게서 찾아진다. 즉, 이들은 실제로 경감세율의 혜택을 보고 있는 것은 자신들이란 것을 알고 있지만, 저소득자를 위한다는 명분을 내세워 경감세율 정책을 정당화하고 있는 것은 아닐까.

네 번째 이유는 생활필수품 생산자에게서 찾아진다. 즉, 이들 역시 중간소득자 이상의 사람들과 마찬가지로 자신이 만들어내는 제품의 수요를 높이기 위해 경감세율이 저소득자를 위한 대책이라고 주장한다. 경감세율에 의해 생활필수품 소비량은 늘어나지만, 가격체계에 왜곡이 발생할 가능성이 있다.

진정한 의미의 생활필수품은 가격이나 소득수준이 변하더라도 일정량의 소비가 필요하기 때문에 수요에는 변화가 거의 발생하지 않는다. 하지만 대부분의 생활필수품은 가격이 높아지거나 소득이 감소하면 소비량이 다소 감소한다. 경감세율은 경감세율 대상 품목의 소비를 늘리지만 대상이 되지 않는 많은 품목의 소비를 줄이는 효과가 있다. 경감세율의 존재로 말미암아 소비세 수준 자체가 높아지는 것과 유사한 결과가 발생하는 것이다. 이 때문에 소비패턴의 왜곡은 커지고, 이는 소비자에게도 바람직하지 않을 것이다. 여기서 세 번째와 네 번째 이유는 중간소득자 이상의 사람들과 생활필수품 생산자가 공모할 가능성이 있음을 시사한다.

2. 보험료 부담의 문제

일반인의 이해

세금이나 사회보험료를 진정으로 부담하고 있는 자는 누구일까. 일반적으로는 또는 법적으로는 세금을 내는 사람과 실제로 세금을 부담하고 있는 사람은 같다. 사회보험료는 사업주와 근로자가 같이 부담한다. 많은 사람들은 사업주 부담분은 사업자가 내고 있고 실제로도 사업주가 부담하고 있다고 생각한다. 고용보험의 사업주 부담분 사용 방법에 관해서는 '모집된 보험료는 사업주에게 환원되도록 사용되어야 한다'고 논의되는 경우가 많다.

노동조합이 '사회보험료의 근로자 부담분을 줄이고 사업주 부담분을 인상하시오'라고 주장하는 경우가 있다. 사회보험료가 사업주 부담분과 근로자 부담분으로 구분되어 있다고 생각하는 것은 노동조합만이 아니다. 일본의 후생노동성도 사업주 부담분을 근로자에게 부담시켜서는 안 된다고 생각하고 있다.

예컨대 후생노동성은 '제4회 사회보장교육 추진에 관한 검토회(2012년 3월 23일)'에서 「사회보장의 정확한 이해에 관한 사례 연구 : 사회보장제도의 세대 간 격차에 관한 논점」이라는 자료를 통해 이렇게 설명하고 있다. 이자료에서는 '후생노동성 후생연금의 갹출과 급부 관계에서는 사업주 부담이 빠져 있다'고 적시하여 공적연금의 사업주 부담과 근로자의 부담을 별개라고 생각하고 있음을 밝히고 있다.

후생노동성은 그 이유로 다음 두 가지를 들고 있다. 첫째는 근로자는 사업주 부담을 자신의 부담이라고 인식하지 않는다는 것이다. 구체적으로는 '사업주 입장에서는 사업주 부담에는 종업원이 부담해야 할 것도 포함되어 있다고 주장할지 모르지만, 종업원 입장에서는 자신이 그런 부담을 하고 있다는 인식이 옅다'라고 표현되어 있다.

이런 논리가 성립한다면, 부담하고 있는 본인에게 부담의 인식이 옅다면 부담하고 있어도 실제로는 부담하는 것이 아니게 된다. 민사상의 손해배상청구라면, 손해 본 사람에게 손해를 입었다고 하는 인식이 없으면 손해는 없었던 것으로 될지 모른다. 그러나 국가의 입장은 다르다. 일종의 착각 때문에 그다지 부담이 된다고 느끼지 못하는 사람에게 실질적으로 부담을 지운다는 것은 국가의 정책으로서 문제가 있는 것이다. 부담이 별로 없다고 생각했는데 나중에 알고 보니 실질적으로는 부담하고 있었음을 근로자가 깨닫게 된다면, 그는 애초에 다른 정책을 지지할걸 그랬다고 후회할지도 모른다.

둘째는 사업주의 부담이 어느 정도는 근로자에게 전가된다는 것이다. 후생노동성은 그 근거로서 '사업주는 사회보험료 부담을 덜기 위해 비정규직을 늘리거나 시간제근로자를 위한 사회보험제도에 편승하고 있는데, 현재 이 제도를 적용받을 수 없는 노동자들이 많이 소속되어 있는 기업단체 등으로부터 강한 항의가 들어오고 있다. 게다가 임금에는 하방경직성이 있기 때문에 사회보험료 부담이 임금에 전가되는 데에는 상당한 시간을 필요로 한다는 실증연구도 몇 가지 있다'는 점을 들고 있다.

사회보험료 부담이 임금에 전가되는 데 시간이 걸린다는 말은 당장은 전가되지 않을 뿐이지 전가되지 않는다는 것을 의미하지는 않는다. 사업주 부담이 어느 정도는 근로자에게 전가된다는 말은 부담분의 일부는 전가되지 않을 가능성이 있음을 시사하는 것일지 모르지만 전혀 전가되지 않는다는 것은 아니다. 또한 사업주는 사회보험료 부담을 전가하는 것과는 다른 형태로 자신의 부담을 근로자에게 전가할 가능성도 있음을 배제할 수 없다.

전통경제학적 해석

후생노동성뿐만 아니라 보통 사람 가운데에도 형식적으로 금전을 부담하고 있는 사람과 실제로 금전을 부담하고 있는 사람을 같다고 생각하는 경우가 많다. 그러나 전통경제학에서는 실제로 세금을 내는 사람과 세금을 부담하는 사람은 다르다고 보는 것이 일반적이다.

전통경제학은 실제로 세금을 내는 사람, 예컨대 사업주 부담으로 되어 있는 사회보험료를 지급하는 사업주는 가격이나 임금을 조정하여 거래 상대방이나 근로자에게 세금의 일부 또는 전부를 전가할 수 있다고 생각한다. 사회보험료를 부담할 의무가 있는 사업주는 부담분만큼 임금의 실수령액을 내리게 되어 있다. 경쟁적 노동시장에서는 사회보험료를 감안한 임금(즉, 세금 포함 임금)은 노동생산성(고용 1단위가 추가로 늘어났을 때 증가되는 생산물의 가치로, 정확하게는 노동의 한계생산성)과 같다. 사업주가 부담하는 사회보험료가 오른다고 해도 노동생산성이 높아질 까닭이 없다. 그리고 노동생산성이 높아지지 않는 한 사회보험료를 감안한 임금은 올라갈 수가 없다. 결국 사업주는 사회보험료가 오른 만큼 실수령 임금을 낮출 수밖에 대응할 길이 없는 것이다.[5]

임금의 실수령액이 오르건 내리건 모든 근로자가 동일한 시간만큼 일하는 상황이라면 이야기는 간단해진

---

5) 임금의 실수령액을 w, 세금과 같이 징구되는 사회보험료를 t라고 하면, 사회보험료를 감안한 임금(세금 포함 임금)은 $w(1+t)$가 된다. 그리고 노동생산성(즉, 노동의 한계생산성)을 P라고 하면, 경쟁적 노동시장에서는 $w(1+t)=P$가 성립한다. 여기서 P는 변하지 않는 상수constant로 주어져 있기 때문에 사회보험료 t가 오르면 임금의 실수령액 w는 떨어질 수밖에 없는 것이다.

다. 전술한 바와 같이 사회보험료의 사업주 부담이 증가하면 사업주는 노동자의 생산성이 향상되지 않는 한 임금 실수령액을 낮출 수밖에 없다. 임금 실수령액이 낮아져도 직장을 그만두는 사람이 없으면 종업원 수는 변하지 않으므로, 종전의 모든 근로자는 임금 삭감을 통해 사업주의 증가된 사회보험료 부담을 나눠서 지게 되는 것이다. 결국 사업주 부담은 100% 근로자에게 전가되므로 사회보험료를 직접 내는 사람은 사업주라고 해도, 이를 실질적으로 부담하는 사람은 임금 삭감에 직면한 근로자가 된다.

그런데 임금 삭감에 직면한 근로자가 직장을 그만두거나 노동시간을 단축하면 이야기가 달라진다. 사업주 부담 증가분만큼 실수령 임금이 낮아지는 근로자 중에 직장을 떠나는 사람이 있다고 해보자. 이 경우 사업주가 종전과 같은 수의 근로자를 확보하기 원한다면 임금을 낮출 수가 없다. 사업주가 부담해야 할 사회보험료의 인상분을 임금 삭감으로 전가하기 어렵다면, 남아 있는 노동자를 소수정예로 하여 생산성을 높일 수밖에 없다. 이때 당면하게 되는 문제는 고용량의 감소다. 이 경우 사업주가 부담해야 할 사회보험료의 증가가 임금으로 전가되는 일은 별로 없어도, 고용이 줄어든다는 의미에서 노동자 전체의 소득은 감소한다.

요컨대 전통경제학에서는 경쟁적 노동시장에 직면해 있는 한 사회보험료와 같은 사업주의 부담은 임금 저하나 고용 감소 등의 형태로 근로자에게 전가된다고 보는 것이다. 다만 노동시장이 경쟁적이지 않으면 이론상 임금과 한계생산성이 일치하지 않으므로, 사업주가 부담해야 하는 사회보험료가 인상된다고 해도 반드시 임금이 낮아지는 것은 아니다.

현실은 어떤가

사업주 부담과 근로자 부담이 같은 것인가 하는 문제에 대해, 최근의 실증 연구는 전통경제학이 생각하고 있는 것과 현실이 다름을 보여주고 있다. 예컨대 개인 소득세율의 변화는 사업주가 부담하는 사회보험료의 변화와 마찬가지로 임금의 실수령액에 동일한 영향을 미친다. 그렇기 때문에 전통경제학은 노동 공급에 미치는 영향도 두 경우가 같다고 본다.

그러나 이들을 실증적으로 분석한 연구에 따르면, 개

인소득세율이 변하는 경우에는 근로자가 노동 공급 행동을 바꾸는 관계로 세전소득이 변하는 데 반해, 사업주가 부담하는 사회보험료가 변하는 경우에는 세전소득이 변하지 않아 노동 공급도 변하지 않았다. 또한 사업주가 부담하는 사회보험료의 변화가 고소득자의 노동 공급을 변화시키지 않았음을 보여주는 연구도 있다.

실험실 내의 실험을 통해 세금을 매기는 방법에 따라 근로자의 노동 공급이 어떻게 달라지는가를 보여주는 형태의 연구는 그 외에도 몇 가지 있다. 이들 연구의 대다수는 근로자의 실수령 임금이 같은 경우에도 세금을 매기는 방법에 따라 노동 공급이 달라지는 것을 확인하고 있다.

예컨대 세전소득이 높은 사람은 실수령액이 같고 세금도 적지만 세전소득이 낮은 사람에 비해 적극적으로 노동을 공급한다고 하는 연구가 있다. 이 연구에서는 실험 참가자들로 하여금 편지를 접어 봉투에 넣는 작업을 시킨 다음 작업량에 따라 임금을 지급하였다. 임금 지급 방법에는 세제가 다른 세 가지 형태가 있지만, 세후 실수령액은 모두 같게 하였다. 이때 합리적인 노동자라면 어떤 형태로 임금이 지급되더라도 동일한 노동을 공급하거나 동일한 노력을 기울일 것이다. 그러나 세전 명목임금이 높았을 때가 그렇지 않을 때보다 노동 시간이나 편지봉투 수가 많았다. 즉, 실험 참가자들은 세전임금과 세후임금을 혼동하고 있었던 것이다.

역시 실질적으로는 동일한 세제, 동일한 사회보험료 라고 해도 사업주 부담인가 근로자 부담인가에 따라 사람들의 행동은 변하는 것이다. 전통경제학에서는 이를 무시하여 제도를 설계하고 있지만, 현실적으로 사람들이 어떻게 행동하는지를 제대로 살피는 일을 게을리해서는 안 될 것이다.

3. 보험제도의 문제

공적연금, 공적건강보험의 필요성

일본에서는 공적연금이나 공적건강보험에 가입하는 것이 의무로 되어 있다. 왜 이와 같은 사회보장제도는 강제 가입을 요건으로 하는 것일까.

공적연금은 노후의 생활비를 보충하기 위해 근로기

간 중 연금보험료를 징수하는 것이다. 공적건강보험도 질병을 앓거나 몸을 다쳤을 때의 의료비를 충당하기 위해 매년 일정액을 보험료로 징수하는 것이다. 노후를 위해 저축하고자 하는 사람은 스스로 알아서 하는 것이고, 노후생활은 가난해도 괜찮다고 생각하는 사람은 저축을 하지 않을 것이다.

건강보험도 마찬가지다. 병들 것이 걱정되면 스스로 민간 건강보험에 가입할 것이고, 건강하다고 생각하는 사람은 건강보험에 가입하지 않을 것이다. 필요한 사람은 민간 보험회사의 보험상품을 구입하면 되는 것이지 굳이 강제보험으로 하지 않아도 된다. 연금보험이나 건강보험 가입을 정부가 나서 강제하는 것에 반대하는 사람도 있을 것이다. 정부는 왜 그런 '오지랖'을 떠는 것일까.

이 물음에 대한 전통경제학의 대답은 '연금이나 건강보험과 같은 보험상품은 민간시장에서는 정보의 비대칭성에 따른 역선택adverse selection 문제 때문에 충분히 공급되지 않는다'라는 것이다. 그 이유를 설명하기 위해 민간 보험회사에 의한 사적연금만이 존재하는 상황을 생각해보자.

보험회사는 가입자의 평균수명을 기초로 보험료 수입과 보험금 지급액이 같아지도록 하는 요율과 급부액을 결정한다. 이때 평균수명보다 오래 사는 사람은 이러한 연금보험 상품을 구입함으로써 득을 보고, 이보다 일찍 죽는 사람은 손해를 본다. 보험회사는 개개인이 장수할 것인지 단명할 것인지를 정확하게는 모른다.

한편 가입하고자 하는 사람은 자신의 건강 상태에 대해 어느 정도 알고 있다. 그렇다면 평균보다 오래 살 것 같다고 생각하는 사람만이 연금보험에 가입하게 된다. 보험에 가입하는 사람은 장수하는 사람뿐이므로 보험회사는 보험료를 인상하지 않으면 적자가 된다. 적자가 되는 것을 방지하기 위해 연금보험료를 인상하면 더더욱 장수하는 사람만이 가입하게 된다. 이런 일이 반복되면 연금보험료가 지나치게 높아져 민간 보험시장에서 사적연금보험이 사라지게 되는 것이다. 따라서 연금시장에는 정부가 개입하여 강제가입 상품을 만들 필요가 있다. 이상이 전통경제학의 설명이다.

그러나 행동경제학에서는 다르다. 소비자에게 한정합리성bounded rationality이 존재하는 것도 사회보장제도의 존재이유가 된다. 즉, 강제가입 형태의 공적연금이 존재하는 이유는 현재바이어스의 존재나 계획을 세울 수 있어도 이를 실행에 옮기지 못하는 의지력 부족으로 말미암아 노후저축이 과소한 수준에 머무르기 때문이란 것이다. 게다가 행동경제학에서 상정하고 있는 사람들은 장래 소득, 금리, 세금에 관한 지식을 기초로 노후에 필요한 저축액을 정확하게 계산할 수 있는 능력도 제대로 갖추고 있지 못하다.

전통경제학에서는 정보의 비대칭 탓에 건강하지 않은 사람들만이 건강보험을 구입하기 때문에 민간시장에서 건강보험이 충분히 공급되지 않는다고 생각해왔다. 그러나 행동경제학에서는 건강을 상실할 위험에 대한 인식에 바이어스가 있거나 계산 능력의 한계 때문에 오히려 건강하지 않은 사람들이 건강보험을 적게 구입할 가능성이 있다고 생각한다. 예컨대 자신의 건강에 대해 낙천적인 사람은 건강보험에 가입하지 않을 가능성이 있고, 자제력이 없는 사람은 건강보험에 가입하는 것을 미룰 가능성이 있다.

게다가 손실회피 성향이 강한 사람은 보험료를 지급하는 것 자체를 싫어한다. 이와 같은 행동을 취할 가능성은 건강을 상실할 위험이 높은 사람이 그렇지 않은 사람에 비해 크다고 생각된다. 즉, 행동경제학에서는 건강 상실 위험이 높은 사람의 건강보험 수요가 과소하다고 생각하는 것이다.

모럴 해저드

전통경제학에서는 건강보험이든 실업보험이든 보험금의 과다청구나 실업기간의 장기화와 같은 모럴 해저드moral hazard가 문제가 된다.

모럴 해저드란, 예컨대 보험에 가입함으로써 가입자의 행동이 바뀌어 위험 발생 확률이 변해버리는 것을 말한다. 건강보험에 가입하면 병원 치료가 불필요한 경우에도 병원에 가게 된다. 실업보험에 가입함으로써 쉽게 직장을 그만두거나 구직활동을 진지하게 하지 않는 것이다.

그러나 의료에서는 먹어야 할 약을 먹지 않거나 통원치료를 받아야 할 사람이 통원치료를 받으러 오지 않는 것과 같은 과소의료 문제도 존재한다. 건강보험 때문에 내원치료비가 올라 의료 수요가 크게 줄어들었다고 하자. 여기에는 다음의 두 가지 가능성이 있을 수 있다.

첫째, 내원치료비 부담이 적었을 때 과잉진찰이란 모럴 해저드가 있었을 것이라는 판단이다. 둘째, 내원치료 부담이 상승한 결과 통원치료를 받아야 할 사람이 병원에 오지 않아 과소진찰이 발생했을 가능성도 있다. 현재바이어스가 강한 사람에게는 건강이라는 장기적 이득보다 현재의 의료비 부담을 지나치게 싫어할 가능성이 있기 때문이다.

이때에는 어떤 이유로 문제가 발생했는지 조사해보지 않고는 바람직한 정책적 대응이 어렵다. 경우에 따라서는 완전히 반대로 대응할 수도 있을 것이다.

법안 제출과 손실회피

제안하는 방법의 사소한 차이 때문에 판단이 크게 바뀌는 일이 있다. 이러한 현상은 일상적인 의사결정에서뿐만 아니라 정치적인 의사결정에서도 발견된다. 화제가 조금 다른 곳으로 흘러버리지만 다음과 같은 법률 제안 사례를 생각해보자.

법률을 어떻게 제안하는지에 따라 그 채택 여부가 바뀔 가능성이 있음을 실험으로 보여주는 연구가 있다.

연구자들은 정책마다 장점과 단점이 있음을 전제로 하여 다양한 정책을 패키지로 제안하였다. 예컨대 화력발전소 건설에는 정전을 줄이는 이득과 공해를 발생시켜 건강에 피해를 주는 손실이 따른다. 가령 K마을에 화력발전소를 건설하면 정전을 1,000시간 줄일 수 있을 것으로 예상되는 반면 건강이 악화되는 사람이 10명 늘어난다. 이를 A법안이라고 하자. 한편 M마을에 있는 화력발전소의 문을 닫으면 정전시간은 800시간 늘어나지만 건강에 피해를 보는 사람은 12명 줄어들 수 있는데, 이를 B법안이라 하자.

연구자들은 실험 참가자들에게 A법안과 B법안 각각에 대해 찬반 의사를 물어보았다. 그 결과 A법안에 대한 찬성은 41%, B법안에 대한 찬성은 23%로 나와 모두 과반수가 안 된다는 이유로 부결되었다.

다음에는 A법안과 B법안을 결합하여 C법안을 만들었다. 즉, K마을에는 화력발전소를 건설하고 M마을에 있는 화력발전소는 문을 닫는 것이다. 이 경우의 정책 효과는 정전시간이 200시간 줄어들고 건강 피해자가 2명 감소하는 것으로 나타난다. 이러한 C법안에 대해 찬반 의사를 물었더니 66%가 찬성하여 법안은 가결되었다.

A법안 단독인 경우에는 건강 피해가 10명 늘게 된다는 손실이 부각되고, B법안 단독인 경우에는 정전시간이 800시간 증가한다는 손실이 부각된다. 그 때문에 손실회피의 특성을 갖는 유권자는 어떤 법안에도 반대표를 던진다. 그러나 같은 법안이라도 통합하여 C법안으로 하면 정전 감소와 건강 피해 감소로 되어 유권자의 눈에는 손실이 부각되지 않게 된다. 그 때문에 찬성표를 던지는 사람이 늘어나는 것이다.

이번에는 새롭게 도로나 다리와 같은 인프라를 건설하는 공공사업으로 고용이 3만 명 늘어나지만 1조 엔의 증세가 필요하다고 하는 P법안과 공무원 감축으로 2만 5,000명의 고용이 줄지만 1조2,000억 엔의 세금이 절약된다고 하는 Q법안을 만들어 찬반투표에 부쳤다. 그 결과 P법안은 59% 찬성으로 채택은 되었지만 간신히 되었고, Q법안은 28% 찬성으로 부결되었다. 이들 역시 손실이 부각되었기 때문이다. 하지만 두 개의 법안을 결합하여 인프라를 건설하고 공무원을 감축하는 R법안을 만들어 투표에 부쳤더니 83%가 찬성표를 던졌다. 두 법안을 결합한 R법안은 5,000명의 고용이 늘어나고

2,000억 엔의 세금이 절약된다는 이득 측면만 두드러지게 되는 것이다. 정책을 제안할 때에도 손실이 잘 안 보이게 하면 찬성표를 얻기가 쉽다.

이와 같은 정책 제시 방법은, 어떤 정책이 전체적으로 볼 때에는 긍정적이지만 개별적인 측면에서는 단점이 부각될 때 특히 검토해볼 만한 가치가 있다. 역도 성립하는데, 이러한 제시 방법은 어떤 정책 속에 숨어 있는 단점을 손실이라고 강조함으로써 그 정책에 반대를 유도해내기 위한 전술로도 활용될 수 있는 것이다.

감세정책의 경우에도 정책명을 어떻게 제시하느냐에 따라 소비에 미치는 효과가 달라짐을 실험을 통해 보여주는 연구가 있다. 세금을 절약하여 국민에게 돌려줄 때 그 명칭을 '환부'나 '환불'이라고 할지 그저 '보너스'라고 할지에 따라 돈의 사용 방법이 달라진다는 것이다.

연구자들은 하버드대학 학생들을 실험 참가자로 하여 50달러짜리 수표를 지급하였다. 한 그룹에는 '연구실 자금에 여유가 있어 수업료 환불의 의미로 50달러를 주는 겁니다'라고 설명하였다. 다른 한 그룹에는 '수업료 환불' 대신 '보너스 소득'이라고 설명하였다. 그 후 그 돈을 어떻게 썼는지 적어내라고 하니, '수업료 환불'이라고 설명 들은 그룹은 50달러 가운데 43달러를 저축하고 있었던 반면, '보너스 소득'이라고 설명 들은 그룹은 50달러 중 31달러를 이미 써버려 19달러밖에 저축할 수 없었던 것이다.

보너스라고 하는 이득을 강조하는 표현이면 소비를 늘리고, 환부나 환불이면 먼저 발생한 이득이더라도 나중에는 줄어들 것이라 생각하게 되므로 소비를 늘리기 어려운 것이다.

소수파로 인식시킨다

공공정책에 효과가 있다고 알려진 넛지 가운데에는 다수파의 행동을 사회규범화하여 이로부터 괴리되어 있는 사람을 소수파로 인식시키는 메시지가 있다.

세금 확정신고서는 제출했지만 기한 내에 납부하지 못하여 문제가 되는 일이 있다. 영국에서는 담당 조직인 세입세관청과 내각부 산하의 행동통찰팀Behavioral Insight Team이 공동으로 확정신고는 했지만 미납한 10만 명에게 납세를 독촉하는 편지 형식의 메시지로서 어떤 것이 효과가 있을지를 알아보는 실험을 하였다. 구체적인 메시지는 다음의 다섯 가지이다.

① 10명 중 9명은 기한 내에 세금을 납부했습니다.

② 영국인 가운데 10명 중 9명은 기한 내에 세금을 납부했습니다.

③ 영국인 가운데 10명 중 9명은 기한 내에 세금을 납부했습니다. 당신은 아직까지 세금을 납부하지 않은 대단한 소수파입니다.

④ 세금을 내는 것은 우리 모두가 국민건강보험, 도로나 학교와 같은 필수적인 사회 서비스의 편익을 받는 것을 의미합니다.

⑤ 세금을 내지 않는 것은 우리 모두가 국민건강보험, 도로나 학교와 같은 필수적인 사회 서비스를 포기하는 것을 의미합니다.

연구자들은 납세 독촉장에 상기 메시지가 전혀 없는 경우에 비해 다섯 가지 메시지 중 하나라도 있는 경우 사람들의 납세행동이 어느 정도 변하는지를 조사하였다.

당신이라면 어떤 메시지가 있을 때 세금을 내야겠다

는 생각이 더욱 절실해질까. 효과가 가장 컸던 것은 ③의 소수파인 것을 강조하는 메시지였다. 이 메시지가 없는 경우에 비해 23일간 납세율이 5.1% 높아졌던 것이다. 다음은 ②의 '영국인 가운데'를 강조한 메시지로 2.1% 상승했다. 이어서 ④와 ⑤의 사회 서비스를 강조한 것이 1.6% 증가, ①이 1.3% 증가였다. 몇 %밖에 차이가 나지 않는 것처럼 보이지만 메시지가 약간만 달라져도 납세액 측면에서는 엄청난 금액의 차이가 발생하는 것이다.

연구자들은 한 걸음 더 나아가 약 12만 명의 영국인을 대상으로 같은 실험을 하였다. 이때에는 '다른 사람은 어떻게 하고 있다'라고 표현하는 것과 '다른 사람은 어떻게 해야 한다고 생각한다'라고 표현하는 것 중에 어디가 더 효과가 있는지에 대해서도 검증하였다. 그 결과 '다른 사람은 어떻게 하고 있다'라고 표현한 것이 더욱 효과가 있었다. 자신이 아주 소수 그룹에 들어 있음을 보여주는 것이 효과가 있었던 것이다.

4. O형 인간은 왜 헌혈을 하는가

혈액형 성격 판단

혈액형으로 성격을 판단할 수 있다고 믿는 사람들이 꽤 있는 것 같다. 일본인의 혈액형이 A형 약 40%, O형 약 30%, B형 약 20%, AB형 약 10%로 고르게 분산되어 있는 것도 혈액형 성격 판단이나 혈액형 점占을 믿는 사람이 많은 이유의 배경이 되는 것 같다. 인터넷을 검색해보면 각 혈액형의 특징이 다음과 같이 소개된다. A형은 진지하고 성실하고 배려심이 있는 반면 신경질적이고 완고하다고 한다. O형은 행동력이 있고 너그러운 반면 일은 대충대충 하면서 근거 없는 자신감을 갖고 있다고 한다. B형은 독창적이고 사교적인 반면 호불호가 심하고 충동적이라고 하며, AB형은 감수성이 예민하고 쿨cool한 반면 까탈지고 타산적이라 한다.

왠지 모르게 많은 사람들이 믿고 있는 혈액형 성격 판단이지만 대부분의 학술적 연구는 이를 부정하고 있다. 예컨대 오사카대학이 대대적으로 실시한 미·일 비교 조사연구에 의하면, 68개 항목의 성격이나 행동특성 가운데 65개 항목에서 통계적으로 유의미한 차이가 발견되지 않았다. 게다가 통계적으로 유의미하게 차이가 났던 것에서도 혈액형으로 설명될 수 있는 것의 비율은 고작 0.3%로 매우 작았다. 직업과 혈액형 간에 특별한 관계가 없고 행복감이나 이타성도 혈액형과는 관계가 없는 것으로 분석되었다.

헌혈행동과 혈액형

그렇다면 혈액형과 행동특성 간에는 아무런 관계도 없는 것일까. 2017년 필자가 참가했던 한 연구에서는 오사카대학이 실시한 설문조사 문항을 이용하여 헌혈 행동과 혈액형의 관계를 살펴보았다. 여기서는 과거 1 년 이내 및 과거 수년 이내의 헌혈활동에 대해 질문하였다.

질문에 대답한 사람 1,311명 가운데 과거 1년 이내에 헌혈한 사람은 약 5.5%였고, 과거 수년 이내에 헌혈한 사람은 약 11.7%였다. 헌혈한 사람을 혈액형별로 분류해보면 다음과 같다. 과거 1년 이내에 헌혈한 사람은 A형 4.1%, B형 4.3%, O형 7.5%, AB형 7.1%로 O형이 가장 많았고, 혈액형에 따라 헌혈하는 비율이 달라질 가능성이 높다는 통계 분석 결과도 나왔다. 과거 수년 이내에 헌혈한 사람은 A형 9.6%, B형 9.4%, O형 15.1%, AB형 14.3%로 비슷한 결과가 나왔다. 이 경우에도 헌혈하는 비율과 혈액형 간에는 아무런 관계도 없다는 귀무가설歸無假說은 3.2%의 유의 수준으로 기각되었다.

O형이 헌혈을 잘한다는 특성은 혹시 샘플(즉, 질문에 대답한 사람들의 속성)이 혈액형에 편향되어 있기 때문에 나온 결과가 아닌가 하고 의문을 품는 사람도 있을 것이다. 그래서 필자를 포함한 연구자들은 샘플에 연령, 성별, 수입, 학력, 건강 상태, 성격 특성 등을 통계적으로 고르게 반영하여 다시 분석해보았다. 하지만 이렇게 해도 O형이 다른 혈액형에 비해 헌혈하는 경향이 높게 나타났다.

헌혈은 순수하게 이타적인 행동이다. 헌혈을 하는 사람은 이타성이 높기 때문에 헌혈 이외에도 여러 가지 이타적인 행동을 하고 있을 가능성이 높지 않을까. O형 인간은 이타적인가. 이번 설문조사에서는 골수은행 등록, 뇌사 시의 장기 제공 동의, 금전의 기부와 같은 이타적 행동에 관한 객관적 지표는 물론 이타성, 일반적 신뢰, 호혜성, 협조성과 같은 성격적 특성에 관한 주관적 지표에 대해서도 질문을 하였다. 그러나 이들 이타적 행동이나 주관적 지표에 있어서 혈액형에 따른 통계적 차이는 존재하지 않았다. 이는 O형 인간이 헌혈을 한다고 하는 것이 다른 혈액형을 가진 사람에 비해 이타성이 높기 때문이 아님을 시사하는 것이다.

혈액형의 특성에 주목한다

그렇다면 왜 O형 인간은 헌혈하는 것일까. 필자를 포함한 연구자들은 헌혈의 특성에 주목하였다. 즉, 혈액형에 따라 수혈 가능 범위가 다르다는 점이다. O형이란 혈액형은 O형 이외의 혈액형에 수혈이 가능하다. 그렇기 때문에 O형 인간은 이타성의 정도가 같더라도 좀 더 많이 사회에 공헌하고 싶다고 생각하는 것은 아닐까. 만약 그렇다면 'O형이란 혈액형은 O형 이외의 혈액형에 수혈할 수 있다'는 지식을 갖고 있는 사람만이 혈액형에 따라 헌혈 비율이 다르다는 것을 알 수 있을 것이다. 반대로 이런 지식이 없는 사람들은 혈액형에 따라 헌혈 비율이 다르다는 것을 알지 못할 것이다.

설문 회답자의 74%는 'O형이란 혈액형은 O형 이외의 혈액형에 수혈할 수 있다'는 것을 알고 있었다. 이런 지식을 가지고 있는 사람들만을 대상으로 분석해보니 O형이 헌혈하는 비율은 응답자 전체를 대상으로 분석했을 때보다 약간 높아졌고 그 차이도 통계적으로 유의미했다. 한편 'O형이란 혈액형은 O형 이외의 혈액형에 수혈할 수 있다'는 것을 모르는 사람들만을 대상으로 분석해본 결과 혈액형 간 헌혈하는 비율의 차이가 보이지 않았다. O형의 헌혈 비율 역시 다른 혈액형의 헌혈 비율과 다르지 않았던 것이다.

O형이 다른 혈액형보다 헌혈을 많이 하는 이유는 O형 혈액이 다른 혈액형의 혈액보다 항상 부족하거나 다른 혈액형보다 건강하기 때문일 가능성도 있다. 그러나 각 지역별 혈액의 재고율 및 계절 변동, 건강 상태를 컨트롤하여 분석해보아도 O형이 헌혈하는 비율은 여전히 높았다.

의료 현장에서는 환자의 혈액형을 모르는 긴급사태나 특정 혈액형의 혈액이 부족한 상황이 아닌 한, O형 혈액이 다른 혈액형을 가진 사람에게 수혈되는 일은 없다고 한다. 그러나 O형이 헌혈하는 이유가 자신의 피가 다른 사람에게 널리 수혈될 수 있다는 것을 알기 때문이라고 한다면, 이것은 대단히 흥미로운 일이라 하지 않을 수 없다. 사회에 공헌하고 싶은 마음을 품고 있는 경우의 사회 공헌 효과가 더욱 클수록 사회 공헌을 더 많이 할 가능성이 있다는 것이다.

의사, 변호사, 예능인 등에는 소득이 높은 사람이 자발적으로 의료행위, 법률 상담, 자선활동을 하는 경우가 있다. 이들은 그런 활동을 하지 않는다면 더 많은 소득을 올릴 수 있을 것이라는 의미에서 자원봉사의 기회비용이 높은 사람들이다. 이타성의 정도가 다른 사람과 같다면 이런 사람들이 자선활동을 하는 비율은 오히려 낮은 게 당연할 수도 있다. 그러나 의사, 변호사, 예능인 등이 다른 사람보다 더욱 적극적으로 자선활동을 하고 있는 까닭은 자신의 자선활동이 사회적으로 커다란 영향력을 발휘할 수 있다는 사실을 인식하고 있기 때문이 아닐까.

기부나 자선활동을 촉진하는 데는 그런 활동이 사회에 도움이 된다는 사실을 사람들에게 인식시키는 것이 효과적이다. 이는 O형 인간의 헌혈행동이 시사하는 바이기도 하다.

맺음말

본서는 행동경제학의 사고방식과 넛지에 대해 해설하고 그 응용 사례를 일, 건강, 공공정책 분야로 나누어 소개하고 있다. 행동을 개선하고 싶을 때 어떻게 넛지를 설계하면 좋은지에 대한 대답을 생각해본 것이다. 필자는 2018년에 『의료 현장의 행동경제학』(도요게이자이 [東洋経済]신보사)을 히라이 게이平井啓 씨와 공편 저자로 하여 출간하였다. 이 책은 의료인 및 의료 현장에서 발생하는 제반 사례를 행동경제학적으로 해석하여 개선책을 강구한 것이다. 의사의 상당수는 환자가 합리적인 의사결정을 하지 못하는 이유에 대해 의문을 품고 있는 반면, 많은 환자들은 의사의 설명이 어려워 의사결정을 하는 데 애로가 있다고 생각하였다. 행동경제학은 이런 의문과 애로에 대해 알기 쉽게 설명해준다. 행동경제학을 아는 의사 가운데는 "환자가 무얼 생각하는지 겨우 알았다"고 말하는 사람이 많았다.

모름지기 합리적 경제인은 계산 능력이 높고 정보를

제대로 이용하여 합리적인 의사결정을 할 수 있다고 하는 것은 어디까지나 전통경제학이 설정하는 모델상의 인간관이다. 현실에는 이런 사람이 거의 없지만, 설령 그런 인간관을 설정해도 세상 돌아가는 일을 설명하는 데는 별문제가 없다. 하지만 이것이 개별 인간의 행동을 예측하는 데 유효한 설정이라고는 말하기 어렵다. 그럼에도 의료 현장에서는 정확한 정보를 환자에게 전해주면 환자는 올바른 의사결정을 할 수 있을 것이라고 생각하는 사람이 상당히 있다. 정말로 합리적 경제인이라는 가정을 받아들이고 있는 듯싶다. 이와 똑같은 일이 방재 분야에서도 벌어져왔다. 재해 정보나 대피장소에 대한 교육을 하면 방재행동을 똑바로 할 것이라 생각해왔던 것이다. 하지만 갑작스럽게 사고를 당하거나 재해가 발생하면 차분해지려고 해도 냉정하게 판단하기가 어렵다. 교육을 통해 올바르게 판단할 수 있도록 하는 것은 대단히 중요하지만, 알고 있어도 실천하기 어려운 것이 인간이다. 이와 같은 인간의 특성을 감안하여 세상 돌아가는 이치를 따지고 제도를 만들어가면 우리들의 생활은 좀 더 만족스러워지지 않을까.

본서를 읽고 많은 사람들이 일상생활이나 일하는 방

식을 조금씩 개선해나갈 수 있는 힌트를 얻을 수 있으면 좋겠다.

본서는 필자가 오사카대학 경제학부에서 강의한 내용을 기초로 하고 있다. 수업을 들으러 왔던 학생들에게 감사하고 싶다. 수업시간에 강의조교를 맡아준 사사키佐々木 씨, 구로카와黑川 씨, 후나자키船崎 씨로부터 많은 조언을 받았다. 본서에는 그들과의 공동연구 성과도 반영되어 있다. 오랜 기간 연구실 비서로 근무했던 무라시마村島 씨는 성심껏 초고를 읽고 수정할 곳도 제안해주었다. 환경성 일본판 넛지·유닛의 설립 담당자인 이케모토池本 씨, 미쓰비시UFJ 리서치·컨설팅 부서의 고바야시小林 씨, 재무성에서 요코하마시로 자리를 옮긴 쓰다津田 씨, 리쓰메이칸대학의 모리森 씨는 초고 상태에서 개선이 필요한 많은 점들을 제안해주었다. 필자의 학부 세미나 학생들은 본서를 좀 더 이해하기 쉽게 만들어주었다. 본서 집필을 추천해준 이와나미출판사의 편집장 나가누마永沼 씨는 원고가 끝나기를 끈기 있게 기다려 멋지게 편집해주셨다. 이들 모든 분들께 감사를 드린다.

마지막으로 본서의 내용을 언제나 들어준 가족들에

게 고맙다는 말을 전하고 싶다.

2019년 6월

오타케 후미오 大竹文雄

역자 후기

　전통경제학은 합리적으로 생각하고 행동하는 인간을 상정하여 이론적 토대를 완성하고, 합리적인 추론을 통해 경제 현상을 충분히 설명할 수 있다고 여겨왔다. 그러나 합리적 추론에 의해 '설명가능한 경제'와 '현실 경제' 사이에 괴리가 존재한다는 사실이 경제학 영역에서 인식되기 시작한 것은 그리 오래되지 않는다. 전통경제학에 뿌리를 두고 있으면서 합리적 인간관에 의문을 제기하는 진화게임이론evolutionary game theory, 행동경제학behavioral economics 등이 등장하면서부터이다. 이들 학문은 합리성 가정에 입각한 전통경제학이 시행착오를 거듭하면서 다양한 모습으로 진화해가는 현실 경제의 귀납적 측면을 도외시하고 있다고 보았다.

　세상에는 합리적으로 생각은 하지만 행동이 합리적이지 못한 인간, 생각하는 것조차 합리적이지 못한 인간들이 도처에 존재한다. 이렇듯 생각과 행동이 어긋나게 되는 것은 인간이 한정합리성 내지 제한된 합리성

bounded rationality밖에 갖고 있지 않는 데에 기인한다. 한정합리적인 인간은 장래 발생할 모든 사건의 목록을 머릿속에 그릴 수 없고, 수많은 사건을 계획적으로 처리할 계산 능력을 갖추고 있지 못하며, 이들 사건을 객관적으로 설명할 적절한 언어를 발견·공유할 수 없는 경우가 다반사다. 그렇기 때문에 그들의 의사결정은 선험적 합리성에 입각한 능동적 선택에만 의존하기보다 관성inertia, 모방mimic, 심리 상태, 망각 및 그 후의 후천적 학습이나 우연(돌연변이)에 의해 수동적으로 선택되기도 한다. 이러한 의사결정은 근시안적으로 이루어지기 일쑤여서 특정 사건이 실현된 사후 시점에서 후회하는 경우도 흔히 발생한다.

행동경제학은 이와 같이 지극히 '인간적인' 인간을 분석의 대상으로 한다. 그들의 생각은 때로는 갈피를 잡을 수 없어 '어디로 튈지 모르는' 행동으로 구현될 수도 있다. 그렇기 때문에 행동경제학은 전통경제학으로는 설명하기 어려운 현실 경제의 다양하고도 복잡한 현상을 설명할 수가 있는 것이다. 하지만 여기에 가치판단이 개입될 여지는 없다. 즉, 행동경제학은 비정상적인 인간을 분석의 대상으로 하여 그들의 생각과 행동의 옳고 그름을 따지는 윤리학(에토스)과는 거리가 멀다. 행동경제학은 어디까지나 제한된 것이긴 하지만 합리성을 지니는 인간, 근시안적이지만 최적화myopic optimization를 지향하는 합리적 인간의 의사결정 패턴을 분석하고 그들의 실천적 이성에 호소하는 과학(로고스)이기 때문이다.

이 책은 매우 실용적인 내용을 평이하게 기술하고 있어 행동경제학 분야에 처음 접하거나 관심을 가지려 하는 일반 독자에게 훌륭한 길잡이 역할을 할 수 있을 것이다. 또한 이 책은 이론적·실증적 참고 문헌을 소개하고 이들에 충실히 입각하여 논의를 전개·심화시키고 있어 이 분야를 체계적으로 연구하고자 하는 전문 독자에게도 많은 도움을 줄 수 있을 것으로 기대된다. 역자 역시 이들 두 부류의 독자를 염두에 두면서 이 책이 교양서인 동시에 전문서로서 손색이 없게 하도록 나름의 노력을 기울여보았다. 이곳저곳에 역자 주석을 많이 달아놓은 것도 이러한 노력의 일환이었다는 점을 이해해주면 좋겠다.

이 책은 초판이 발행된 지 3개월 만에 5판이 나올 정도로 대단히 인기가 많다. 그 배경으로는 앞서 말한 바와 같이 독자층이 두껍다는 점을 들 수 있겠고, 그 외에 '이와나미 신서'라고 하는 권위 있는 출판물로 간행된 점 또한 무시할 수 없을 것이다. 하지만 무엇보다도 결정적인 배경은 이 책에 고스란히 배어 있는 저자 오타케 후미오 선생의 학자적 성실함과 진정성이 많은 독자들에게 공감되고 있다는 데 있지 않을까.

2020년 11월
김동환

문헌 해제(解題)

　행동경제학이란 학문 분야가 있다는 것은 널리 알려져 있다. 이미 훌륭한 교과
서도 많이 출판되었다. 대니얼 카너먼이 저술한 책 『Thinking, Fast and Slow』(일본
에서는 2014년 하야카와 논픽션문고에서 『패스트&슬로[ファスト&スロ─]』로 번역)는 행동
경제학이 어떤 것인지를 재미있게 소개하고 있다. 체계 있는 교과서로는 『행동경
제학 입문行動経済学入門』(쓰쓰이 요시로[筒井義郎]·사사키 준이치로[佐々木俊一郎]·야마네
쇼코[山根承子]·Greg Mardyla, 도요게이자이신보사, 2017)이 초보자용으로 이해하기 쉽
게 써졌다. 조금 더 레벨이 높은 교과서로서 전통경제학과 행동경제학의 관계를
명확히 밝히고 있는 것이 『행동경제학 신판行動経済学 新版)』(오가키 마사오[大垣昌夫]·
다나카 사오리[田中沙織], 유희카쿠[有斐閣], 2018)이다.

　행동경제학은 매우 실천적인 학문이다. 본서에서 소개한 넛지를 이용해 우리
들의 행동을 좀 더 좋은 방향으로 바꿔갈 수가 있다. 넛지에 관한 구체적인 사례
는 『실천 행동경제학』(리처드 세일러, 카스 선스타인, 닛케이[日經]BP사, 2009)에 소개되어
있다. 행동경제학의 실천을 염두에 두면서 그림을 이용해 이해하기 쉽게 소개한
책이 『오늘부터 사용할 수 있는 행동경제학今日から使える行動経済学』(야마네 쇼코[山
根承子]·구로카와 히로후미[黒川博文]·사사키 슈사쿠[佐々木周作]·고사카 유키[高阪勇毅], 나쓰
메[ナツメ]사, 2019)이다. 『세계의 행동 인사이트 - 공공 넛지가 이끄는 정책 실천世界
の行動インサイト─公共ナッジが導く政策実践』(경제협력개발기구 편저, 아카시쇼텐[明石書
店], 2018)에는 세계의 넛지 사례가 소개되어 있다.

　일본에서도 넛지를 정책에 활용하고자 움직이기 시작했다. 일본판 넛지·유
닛(BEST)이 2017년 4월에 설립되어 다양한 연구 사례가 소개되고 있다. http://
www.env.go.jp/earth/ondanka/nudge.html

　이하에서는 보완한다는 의미를 포함하여 각 장의 주제와 관련된 문헌을 소개
해보자. 흥미 있는 독자는 꼭 참조해보기 바란다.

전망 이론

전망 이론에서는 의사결정을 할 때 작은 확률을 중시한다. 이는 객관적 확률과 의사결정에 사용되는 확률 간의 관계를 보여주는 <그림 1-1>의 S자 모양의 곡선에 반영되어 있다. 이를 '확률가중함수probability weighting function'라 부른다. 단, 확률가중함수의 값, 즉 확률가중치를 의사결정에 그대로 사용할 경우에는 확률의 합계가 1이 되지 않는 문제가 발생한다.

이 문제를 해소하기 위해 전망 이론에서는 다음과 같은 장치를 두고 있다. 이득 국면에서는 가장 바람직한 최선의 상태에 관한 확률가중치(손실 국면에서는 가장 바람직하지 않은 최악의 상태에 관한 주관적 확률)을 사용한다. 그리고 그다음으로 바람직한 차선의 상태(손실 국면에서는 그다음으로 바람직하지 않은 차악의 상태)에 대해서는 최선 또는 차선의 상태가 발생하는 객관적 확률에 관한 확률가중치에서 최선의 상태가 발생하는 객관적 확률의 확률가중치를 뺀 것을 의사결정에 사용한다.

예컨대 동전을 던져서 바깥이 나오면 2만 엔, 안쪽이 나오면 아무것도 받지 못하는 경우를 생각해보자. 바깥이 나오는 50%의 객관적 확률에 대한 확률가중치가 40%라고 하면, 2만 엔을 받는 바람직한 상태가 발생할 때의 의사결정에는 0.4란 확률가중치를 사용한다. 아무것도 받지 못하는 상태에 대해서는 바깥 또는 안쪽 중 어딘가 나오는 상황에 대한 확률가중치에서 바깥이 나올 확률가중치를 뺀 것을 사용한다. 바깥이든 안쪽이든 어딘가는 확실하게 나오므로 이에 대한 객관적 확률은 1이고, 이때의 확률가중치도 1이 된다. 따라서 안쪽이 나올 때의 의사결정에 사용되는 것은 1에서 0.4를 뺀 0.6이 된다. 좀 더 상세한 것은 Tversky & Kahneman(1992)을 참조하기 바란다.

자신과잉

자신의 성공 확률을 객관적 확률보다 높게 생각하는 경향에 남녀 차이가 있음을 근거로, 경쟁을 선호하는 정도에도 남녀 차가 있음을 설명하는 연구가 있다. 이에 대해서는 미즈타니 노리코水谷德子 외(2009)를 참조하기 바란다. 또한 남성이 여성보다 리더로 선발되기 쉬운 것은 자신과잉에서 비롯됨을 보여주는 연구는 Reuben et al.(2012)에서 찾아볼 수 있다.

손실회피

'죽을 가능성 10%'와 '생존 가능성 90%'는 같은 말이지만, 손실을 강조하는 표현의 선택지를 고르는 데는 주저하게 된다. 이와 같은 프레이밍 효과의 구체적인 예는 카너먼(2014)에 상세히 나온다.

실증 분석에 따르면 많은 투자자들은 주가가 올랐을 때 팔고 손실이 발생했을 때에는 팔지 않는 것으로 나타난다. 주식 투자로 손실이 발생해도 손절매를 못 하는 것은 전망 이론의 손실회피로 설명될 수 있을 듯하다. 그러나 손절매는 손실이 발생할 것 같은 때 하는 것은 아니다. 이때에는 일부만 매각함으로써 더 이상의 손실을 피하고 주가가 올랐을 때의 기회손실도 피할 수 있다. 손실이 실제로 발생하지도 않았는데 손실회피 감정을 느낀다고 한다면 투자자가 손절매를 못 하는 상황을 설명할 수가 없다. 손절매가 일어나지 못하는 것을 설명하기 위해서는 실현된 손실로부터 손실회피를 느낀다는 가정이 필요한데, Barberis & Xiong(2009)은 이를 이론적으로 보여주고 있다.

보유 효과

머그컵 실험으로 보유 효과를 보여준 연구는 Kahneman et al.(1990)이다. 물건을 보유하기 전과 후에 그 물건에 대한 평가가 변한다고 하는 보유 효과란 특성은 전통경제학에서 강점이라고 여겨졌던 정책 평가를 곤란하게 만든다. A라는 정책과 B라는 정책 중 어느 것이 바람직한지를 사전에 평가해도 실제로 사람들이 이들을 경험해본 후에는 평가가 달라져버릴 가능성이 있기 때문이다.

현재바이어스

전통경제학에서는 장래의 만족도를 현재 어떻게 느끼는지를 나타낼 때 주로 지수할인exponential discount 함수가 이용된다고 상정해왔다. 즉, $0 < \delta < 1$을 만족하는 할인율 δ를 이용하여 0기 시점에서 평가한 t시점의 효용 U_t의 현재가치를 $\delta^t U_t$로 나타냄으로써 장래의 효용을 지수함수 형태로 할인하는 것이다. 이 경우에는 현재바이어스가 발생하지 않기 때문에, 인간은 장래의 의사를 결정하는 경우에도 이를 미루는 일이 없다. 은행의 예금 금리나 주택대출 금리도 지수함수 형태를 띤다.

경제 분석에서는 현재바이어스를 나타내는 시간할인 방식으로 준쌍곡할인quasi-hyperbolic discount[1]이 많이 사용된다. 지수할인에서는 0시점에서 평가한 t시점의 효용 U_t의 현재가치 $\delta^t U_t$는 어느 시점에서도 할인인자가 δ로 동일하다. 한편 준쌍곡할인에서는 0시점에서 평가한 0기 효용의 할인인자는 1, 즉 0기 효용의 현재가치는 U_0이지만, 1기 이후의 효용의 할인인자는 $\beta\delta^t$, 즉 1기 이후의 효용 U_t의 현재가치는 $\beta\delta^t U_t$로 표현된다. 단, $0<\beta<1$. 이러한 준쌍곡할인함수를 이용하면 먼 장래는 적게 할인하기 때문에 인내심 강한 의사결정이 가능하지만, 가까운 시점은 많이 할인하는 관계로 조급하게 선택하기 일쑤라는 현재바이어스를 잘 표현할 수 있다.

교양영화와 오락영화의 선택에서 현재바이어스와 커미트먼트의 유효성을 보여준 연구는 Read et al.(1999)이다. 그리고 과업 마감일을 단축하면 생산성이 오른다는 것을 보여준 연구는 Ariely & Wertenbroch(2002)이다.

매몰비용

매몰비용에는 금전적 비용뿐만 아니라 비금전적 비용도 포함될 수 있다. 무언가 기술을 체득하기 위해 오랜 시간과 노력을 갈고닦았던 경험이 있으면 기술 혁신 때문에 그 기술의 가치가 크게 떨어져 이를 계속 사용하려고 집착하는 경우가 많다. 후쿠자와 유키치福沢諭吉는 오가타 고안緒方洪庵 문하에서 네덜란드어를 몸에 익힌 후 에도江戸에 진출하였지만, 이제 막 개항한 요코하마에서조차 네덜란드어가 통용되지 않고 영어를 사용하는 시대로 변했음을 알게 되었다. 그때의 심경을 적은 것이 『후쿠오지덴福翁自伝』에 남아 있다. 당시 네덜란드어 서적을 통해 서양 문물을 연구하던 학자들은 영어의 시대가 도래한 것은 알고 있었다. 그러나 네덜란드어를 배우기 위해 쏟아 부은 노력이 이미 매몰비용으로 되어버렸는데도 그 시대를 되찾기 위해 네덜란드어에 집착한 나머지 영어를 배우지 않았던 사람들이 다수파였다. 후쿠자와는 훗날을 생각하여 영어를 공부했다고 술회하고 있다.

---

1) 쌍곡할인hyperbolic discount이란 먼 미래라면 기다리지만 가까운 미래라면 기다리기 어렵다는 지금까지의 경제학 이론, 즉 전통경제학에서는 설명되기 어려운 비합리적 행동을 설명하는 개념으로 주목받고 있다. 시간 경과를 x 축, 할인율을 y 축으로 했을 때의 그래프가 시간의 경과와 함께 감소하는 쌍곡선(반비례 그래프) 형태로 나타나기 때문에 그런 이름이 붙여졌다. 준쌍곡할인은 쌍곡할인의 성질을 유지하면서 계산의 편의를 위해 주로 사용된다.

소득 변동과 인지 능력

개도국에서 수확하기 이전의 저소득 농가는 수확 후 부유해진 시점에 비해 인지 능력이 낮음을 보여준 연구로는 Mani et al.(2013)이 있다.

선택과잉

Iyengar & Lepper(2000)는 선택지가 너무 많으면 선택 자체를 할 수 없게 됨을 보여주기 위해 슈퍼마켓에서 여섯 종류의 잼과 스물네 종류의 잼을 전시·판매하여 매출을 비교하였다. 여섯 종류의 잼을 전시했을 때 더 많이 팔았다.

평균에의 회귀

구체적인 예를 통해 평균회귀를 설명해보자. 동전 10개를 던져 바깥이 나오면 1개당 100엔을 받을 수 있는 게임을 하고 있다. 바깥은 평균 몇 개가 나올까. 수학적 기대치는 5개이므로 기대소득은 500엔이다. 처음 던졌을 때 바깥이 나온 것은 1개뿐이었다고 하자. 그렇다면 두 번째 던졌을 때 바깥이 나온 동전은 평균 몇 개나 될까. 역시 5개로 변함이 없다. 그러나 바깥이 나오는 개수가 1개보다 많아질 확률은 바깥이 1개밖에 안 나오는 확률보다 크다. 반대로, 10개 모두 바깥이 나왔다고 하자. 이 경우에도 다음번 시도에서 바깥이 나오는 동전 개수의 기대치는 5이다. 또한 10개 모두 바깥이 나오는 확률보다 바깥이 9개 이하로 나올 확률이 항상 높다.

이들은 모두 사실이다. 그렇지만 처음 시도에 바깥이 1개밖에 안 나왔다고 하여 다음번에 바깥이 많이 나올 까닭이 없다. 예컨대 바깥이 1개밖에 안 나왔을 경우 왜 그것밖에 못 했냐고 동전을 꾸짖어본다. 다음엔 바깥이 1개보다 많이 나올 가능성이 높다. 동전에다 대고 야단을 쳤기 때문에 그렇게 된 것인가. 그런 일은 없다. 동전의 바깥이 2개 이상 나올 확률은 1개밖에 나오지 않을 확률보다 항상 높다. 동전을 칭찬하거나 꾸짖는 것은 동전의 바깥이 나오는 것과는 전혀 관계가 없는 것이다.

대표성 휴리스틱

대표성 휴리스틱의 예로, 40세 미만인 사람은 허혈성 심장질환으로 진단받기 어려움을 보여준 연구가 있다(Coussens, 2018). 응급치료실에 실려 온 환자 가운데 40세 전후의 사람들을 비교해보면, 40세를 조금 넘은 사람은

40세 미만에 비해 허혈성 심장질환 검사를 받아 그 질환으로 진단되는 일이 많다고 한다. 거의 같은 연령인데도 30대 환자는 심근경색을 의심받기 어렵다는 것이 원인이다.

프로젝션 바이어스

프로젝션 바이어스의 예로서 더운 날에는 오픈카나 풀장 딸린 집이 잘 팔리고, 눈 오는 날에는 4륜 구동차가 많이 팔린다는 것을 보여준 미국의 연구도 있다(Busse et al. 2012, 2015). 그날이 더웠기 때문에 앞으로도 더운 날이 줄곧 이어질 것이라고 믿어버리는 것이다.

제1장 참고 문헌

- Ariely D, Wertenbroch K. Procrastination, Deadlines and Performance: Self-Control by Precommitment. Psychological Science 2002, 13(3): 219-224
- Barberis N, Xiong W. What Drives the Disposition Effect? An Analysis of a Long-Standing Preference-Based Explanation. Journal of Finance 2009, 64(2): 751-784
- Busse MR, Pope DG, Pope JC, Silva-Risso J. Projection Bias in the Car and Housing Markets. NBER WP 2012, No.18212
- Busse MR, Pope DG, Pope JC, Silva-Risso J. The Psychological Effect of Weather on Car Purchases. The Quarterly Journal of Economics 2015, 130(1): 371-414
- Coussens S. Behaving Discretely: Heuristic Thinking in the Emergency Department. 2018
  https://www.stephencoussens.com/research
- Iyengar SS, Lepper MR. When Choice Is Demotivating: Can One Desire Too Much of a Good Thing? Journal of Personality and Social Psychology 2000, 79(6): 995-1006
- Kahneman D, Knetsch JL, Thaler RH. Experimental Tests of the Endowment Effect and the Coase Theorem. Journal of Political Economy 1990, 98(6): 1325-1348
- Mani A, Mullainathan S, Shafir E, Zhao J. Poverty Impedes Cognitive

Function. Science 2013, 341(6149): 976-980

- Read D, Loewenstein G, Kalyanaraman S. Mixing Virtue and Vice: Combining the Immediacy Effect and the Diversification Heuristic. Journal of Behavioral Decision Making 1999, 12(4): 257-273
- Reuben E, Rey-Biel P, Sapienza P, Zingales L. The Emergence of Male Leadership in Competitive Environments. J Econ Behav Organ 2012, 83(1): 111-117
- Tversky A, Kahneman D. Advances in Prospect Theory: Cumulative Representation of Uncertainty. J Risk Uncertain 1992, 5(4): 297-323
- 대니얼 카너먼 『패스트＆슬로—당신의 의사는 어떻게 결정되는가?あなたの意思はどのように決まるか?』 무라이 아키코村井章子 역, 하야카와 논픽션문고, 2014년
- 미즈타니 노리코水谷德子・오쿠다이라 히로코奧平寬子・기나리 유스케木成勇介・오타케 후미오大竹文雄 「자신과잉이 남성을 경쟁시킨다自信過剰が男性を競争させる」, 행동경제학 2: 60-73, 2009년

제2장 넛지란 무엇인가

넛지와 슬러지

넛지의 정의와 다양한 사례를 보여주는 기본적 문헌은 세일러와 선스타인(2009)이다. 세일러(2018)는 행동경제학의 악용이라고도 일컬어지는 슬러지에 대해 해설하고 있다.

대형 상사의 아침형 근무제도

본문에서 설명한 아침형 근무제도는 이토추상사가 2013년 10월부터 도입한 것이다. 이토추상사에서는 이 제도의 도입으로 잔업시간이 10% 조금 넘게 줄었다고 한다.

http://career.itochu.co.jp/student/culture/environment.html

넛지의 설계

넛지 설계 프로세스에 관한 경제협력개발기구OECD, 행동통찰팀, ideas 42에 의한 해설은 각각 OECD(2018), Haynes et al.(2012), Barrows et al.(2018)

에서 자세히 설명되어 있다. 또한 넛지 설계에 대해서는 Ly et al.(2013)을 참고하기 바란다.

장기 제공 의사 표시의 디폴트화

장기 제공 의사 표시의 디폴트화에 따른 실험적 제공 의사 비율의 국제적인 차이를 보여준 것은 Johnson & Goldstein(2003)이다.

노후저축 촉진을 위한 넛지

2019년 6월 3일 일본 금융청 금융심의회의 시장워킹그룹 보고서 「고령사회에서의 자산 형성·관리」에는 '수입과 지출의 차이에 해당하는 부족액 약 5만 엔이 매월 발생하는 경우에는 20년에 약 1,300만 엔, 30년에 약 2,000만 엔의 예금을 헐어야 할 필요가 있다'고 기재되어 있다. 이렇게 기재된 것이 은퇴 시 2,000만 엔의 자산이 필요한데 공적연금으로는 부족하다는 메시지로 언론에 보도되었다. 이것이 정치 문제로 다뤄져 국민의 불안을 증폭시켰고, 이 때문에 재무대신이 그 보고서를 정식으로 채택하지 않는 사태로 이어졌다. 비록 이 보고서는 정치 문제로 비화되었지만, 노후저축의 필요성을 제기한 알기 쉬운 가이드라인의 역할도 수행한 것으로 보인다.
http://www.fsa.go.jp/singi_kinyu/tosin/20190603/01.pdf

대피 권고 넛지

자연재해 시의 예방적 대피를 권고하는 것으로 사전에 세워둔 계획에 커미트하는 방법이 있다. 이는 자연재해가 발생할 것으로 예상될 때에는 언제, 무엇을 할 것인지를 정해두는 '타임라인'을 작성하거나, 특정의 자연현상이 발생한 경우 대피한다는 것을 미리 정해두는 '대피 스위치'를 설정하라고 제창된 것이다. 야모리 가쓰야矢守克也, 다케노우치 겐스케竹之內健介, 가노 야스유키加納靖之(2018)는 개인이나 지역에서 자주적으로 대피 스위치를 설정할 것을 제안하고 있다. '이제껏 집중호우 시에 대피 권고로 대피한 사람은 주변 사람이 대피하기 때문에 나도 그렇게 했다고 하는 사람이 대부분이었습니다. 당신이 대피하지 않으면 다른 사람의 생명을 위험하게 하는 것입니다'라는 메시지가 유효함을 밝힌 히로시마현의 설문조사 결과는 '재해 시 대피를 촉진하는 메시지에 대하여(안)'에 정리되어 있다.
http://www.pref.hiroshima.lg.jp/uploaded/attachment/354548.pdf

세일러(2016)는 허리케인 때 대피하지 않은 사람을 대피시키기 위해 '대피하지 않으면 매직펜으로 몸에 사회보장번호를 써주세요'라고 호소하는 넛지를 뉴욕타임스 칼럼니스트인 Tierney(2005)의 아이디어라고 소개하였다.

쓰나미 대피의 3원칙

쓰나미 대피의 3원칙이란 첫째 '상정想定에 사로잡히지 말라', 둘째 '최선을 다해라', 셋째 '솔선하여 대피하라'이다(가타다 도시타카[片田敏孝], 2012). 그 의미는 다음과 같다. 첫째는 해저드 맵hazard map에 안전하다고 나와 있어도 방심해서는 안 된다. 둘째는 일시적으로 대피한 곳이 가장 안전한 장소라는 보장이 없으므로 좀 더 안전한 다른 장소로 대피할 수 있는지를 생각하라. 셋째는 괜찮겠지 하는 정당성 바이어스를 극복하여 먼저 대피하는 것이 주변 사람의 대피행동을 촉진하게 된다는 것이다.

넛지의 윤리적 문제

사람들이 자신의 이상적 행동이 무엇인지 알고 있고, 그러한 행동을 취하고는 싶지만 행동경제학적 바이어스 때문에 그렇게 하지 못하는 경우가 있다. 이럴 때는 이상적 행동을 취하기 위해 넛지를 이용하는 데 윤리적으로 문제되는 일은 별로 없다. 하지만 사람들이 이상적 행동을 취하고 싶어 하지 않는 경우나 꼭 그런 행동을 취해야 하는지 여부가 불분명한 경우에는 넛지를 통해 행동을 바꾸는 것이 과연 윤리적으로 문제가 없을지 의문이 들 수도 있다. 올바른 지식을 습득하면 바람직한 행동을 취할 수 있는 경우에는 그런 방향으로 행동을 유도하기 위해 넛지를 사용하는 것이 허용될 수 있다. 또한 어떤 사람의 행동이 다른 사람에게 악영향을 미칠 수 있는 경우에는 과세를 통해 행동을 바꾸게 하는 것이 바람직한데, 이는 전통경제학에서도 마찬가지로 통용된다. 이처럼 외부성이 있는 경우에도 넛지의 사용은 정당화될 수 있다. 어떤 경우이건 정부가 넛지를 사용하는 경우에는 그 이유를 분명히 밝혀 투명성을 제고하는 것이 중요하다. 넛지의 윤리적 문제에 대해서는 Sunstein(2015)에 상세하게 설명되어 있다.

제2장 참고 문헌

- Barrows A, Dabney N, Hayes J, Rosenberg R. Behavioural Design Teams: A Model for Integrating Behavioral Design in City Government. Ideas 42; 2018

- Haynes L, Service O, Goldacre B, Torgenson D. Test, Learn, Adapt: Developing Public Policy with Randomised Controlled Trials. Cabinet Office and Behavioral Insight Team; 2012

- Johnson EJ, Goldstein D. Do Defaults Save Lives? Science 2003, 302(5649): 1338-1339

- Ly K, Mazar N, Zhao M, Soman D. A Practitioner's Guide to Nudging. Rotman School of Management Working Paper 2013, No. 2609347
https://ssrn.com/abstract=2609347

- OECD. Behavioural Insights Toolkit and Ethical Guidelines for Policy Makers. OECD; 2018

- Sunstein C. The Ethics of Nudging. Yale Journal on Regulation 2015, 32(2)

- Thaler RH. Nudge, Not Sludge. Science 2018, 361(6401); 431

- Tierney J. Magic Maker Strategy. New York Times, September 6, 2005
https://www.nytimes.com/2005/09/06/opinion/magic-maker-strategy.html

- 리처드 세일러·카스 선스타인 『실천 행동경제학—건강, 부, 행복을 위한 총명한 선택(実践 行動経済学—健康, 富, 幸福への聡明な選択)』 엔도 마사미遠藤真美 역, 닛케이BP사, 2009년

- 리처드 세일러 『행동경제학의 역습行動経済学の逆襲』 엔도 마사미遠藤真美 역, 하야카와쇼보, 2016년

- 가타다 도시타카片田敏孝 「어린이들을 지킨 자세의 방재교육—대형 쓰나미에서 살아남은 가마이시시의 아동·학생의 주체적 행동에서 배운다子供たちを守った姿勢の防災教育—大津波から生き抜いた釜石市の兒童·生徒に学ぶ」, 재해정보 No. 10: 37-42, 2012년

- 야모리 가쓰야矢守克也·다케노우치 겐스케竹之内健介·가노 야스유키加納靖之 『피난을 위한 마이스위치·지역스위치避難のためのマイスイッチ·地域スイッチ』, 2017년 규슈북부호우재해조사보고서 99-102, 2018년

택시운전사의 노동 공급

Camerer et al.(1997)은 손님이 많아 시간당 임금이 높은 날일수록 택시운전사의 노동시간이 짧아짐을 밝혀 전통경제학의 생각과는 반대가 성립함을 보여주고 있다. 그런데 이 연구에서는 하루 소득금액을 노동시간으로 나눈 것을 시간당 임금으로 사용한다. 택시운전사의 노동시간에 대해, 노동 개시시간과 종료시간은 정확히 알 수 있어도 도중의 휴게시간이 어느 정도 되는지는 잘 모른다. 즉, 택시운전사의 노동시간 데이터에는 오차가 있다. 노동시간 데이터에 플러스 오차가 있는 경우에는 산출된 시간당 임금에 마이너스의 오차가 발생하게 된다. 이처럼 노동시간에 오차가 있으면 시간당 임금과 노동시간 간에는 자동적으로 음의 상관관계가 관찰된다.

그래서 Farber(2005)는 시간당 임금 대신 택시운전사가 하루 목표소득을 설정하여 노동시간을 정한다는 가설을 세웠는데, 검증 결과는 부정적으로 나왔다. 더욱이 Farber(2007)는 택시운전사의 하루 목표소득의 존재와 변동의 정도를 조사하여 목표소득이 지나치게 높고 변동이 큼을 보여주었는데, 이는 행동경제학의 설명을 부정하는 결과에 해당한다. 한편 Crawford & Meng(2011)은 목표소득이 존재함을 보여주었는데, 이는 전통경제학과 행동경제학을 절충한 것과 같다.

프로골퍼의 손실회피

Pope & Schweitzer(2011)는 미국 프로골퍼 데이터를 이용하여 버디 퍼트보다 파 퍼트의 성공 확률이 높은 것으로부터 손실회피가 존재함을 보여주었다. Elmore & Urbaczewski(2019)는 미국 프로골프 대회인 US오픈에서 전체 홀의 파par 수가 줄어든 결과 평균타수도 줄어들었음을 보여주었다.

피어 효과의 연구

Mas & Moretti(2009)는 슈퍼마켓 계산대 일로부터 피어 효과를 검증하였다. 수영대회 데이터를 이용하여 피어 효과를 검증한 것은 Yamane & Hayashi(2015)인데, 특히 우수한 선수가 팀에 이적해오면 그 팀에 있는 다른 선수의 성적이 오른다는 것을 보여준 것은 Yamane & Hayashi(2018)이다. 과일 따기 작업에서 피어 효과가 관찰되는지를 검증한 연구도 있다. Bandiera et al.(2010)은 영국의 농장에서 과일 따기를 하는데, 같은 구역에 할당된 친구가 자신의 생산성에 어떤 영향을 주는지 분석하고 있다. 분석 결과, 같은 구역에서 일하는 친구 가운데 생산성이 가장 높았던 사람은 생산성이 10% 저하되지만 두 번째 이하의 생산성을 가졌던 사람들은 생산성이 10% 상승하는 피어 효과가 관찰되었다. 즉, 톱클래스의 사람은 친구들의 생산성이 낮기 때문에 피어 효과로 생산성이 낮아지지만 그 밖의 사람들에게는 플러스의 효과가 있는 것이다.

제3장 참고 문헌

- Bandiera O, Barankay I, Rasul I. Social Incentives in the Work-place, Review of Economic Studies 2010, 77(2): 417-458
- Camerer C, Babcock L, Loewenstein G, Thaler R. Labor Supply of New York City Cabdrivers: One Day at a Time. The Quarterly Journal of Economics 1997, 112(2):4 07-441
- Crawford VP, Meng J. New York City Cab Drivers' Labor Supply Re-visited: Reference-Dependent Preferences with Rational-Expectations Targets for Hours and Income. American Economic Review 2011, 101(5): 1912-1932
- Elmore R, Urbaczewski A. Loss Aversion in Professional Golf. SSRN Electronic Journal 2019
- Farber HS. Is Tomorrow Another Day? The Labor Supply of New York City Cabdrivers. Journal of Political Economy 2005, 113(1): 46-82
- Farber HS. Reference-Dependent Preferences and Labor Supply: The Case of New York City Taxi Drivers. American Economic Review 2008, 98(3): 1069-1082
- Mas A, Moretti E. Peers at Work. American Economic Review 2009, 99(1): 112-145
- Pope DG, Schweitzer ME. Is Tiger Woods Loss Averse? Persistent Bi-as in the Face of Experience, Competition, and High Stakes. American Economic Review 2011, 101(1): 129-157
- Yamane S, Hayashi R. Peer Effects among Swimmers. Scandinavian Journal of Economics 2015, 117(4): 1230-1255

- Yamane S, Hayashi R. The Superior Peer Improves Me: Evidence from Swimming Data. Osaka University ISER Discussion Paper 2018, No. 1025

제4장 일을 미루는 행동

명목임금의 하방경직성과 연공임금

Kawaguchi & Ohtake(2007)는 명목임금이 낮아지면 노동 의욕이 떨어진다는 사실을 일본 데이터를 이용해 밝혔다. 야마모토 이사무山本勳와 구로다 사치코黑田祥子(2017)는 임금을 낮출 수 없었던 기업일수록 경기가 좋아져도 임금이 상승하지 않음을 보여줬다. 현재가치가 낮음에도 사람들이 연공임금을 선호한다는 것을 밝힌 연구는 Loewenstein & Sicherman(1991)이다. 또한 오타케 후미오大竹文雄(2005)는 그들과 유사한 수법을 이용해 일본에서도 연공임금이 선호됨을 보여줬다.

현재바이어스와 노동자의 행동

Paserman(2008)은 현재바이어스와 실업자의 구직행동 간의 관계를 분석했다. Lee & Ohtake(2014)는 현재바이어스가 큰 실업자가 파견노동을 선택하기 쉽다는 사실을 보여줬다. 사회보장급여에서는 모럴 해저드가 아니라 현재바이어스가 중요함을 보인 것으로서, 실업급여 수급자격이 있음에도 실업급여나 생활보험을 받지 못하는 사람이 많음을 보인 연구가 있는데 Blank & Card(1991), Anderson & Meyer(1997), 고마무라 고헤이駒村康平(2003) 등이다. 빈곤 상태가 되면 인지 능력이 저하됨을 보여준 연구로는 Mani et al.(2013), Shah et al.(2012, 2015), Mullainathan·Shafir(2015) 등이 있다. 현재바이어스가 큰 사람이 장시간 노동할 가능성이 높음을 보여준 연구는 오타케 후미오大竹文雄·오쿠다이라 히로코奧平寛子(2009), 구로카와 히로후미黑川博文·사사키 슈사쿠佐々木周作·오타케 후미오大竹文雄(2017)이다.

휴가·육아휴업 취득 촉진을 위한 넛지

경찰청에서 숙직 다음 날 휴가 가는 것을 디폴트로 한 사례는 '사회 과제 해결을 위해 행동과학을 활용한 조직 사례—직장 환경, 일하는 방식, 개혁 분야(휴가 취득 촉진) : 경찰청 중부관구 경찰국 기후현 정보통신부의 대처'에 개요가 설명되어 있다.

http://www.env.go.jp/earth/ondanka/nudge/renrakukai07_1/mat01. pdf

지바시에서 육아휴직 취득을 디폴트로 하고, 이를 취득하지 않는 경우에 한해 그 이유를 신청하도록 하는 제도로 변경한 것에 대해서는 구마가야熊谷 지바시장의 2019년 6월 20일 트위터 https://twitter.com/kumagai_chiba/status/1141582573417533444 및 환경성 넛지 유닛의 자료 http://www.env.go.jp/earth/ondanka/nudge/renrakukai09/ref03.pdf 에 개요가 나와 있다.

제4장 참고 문헌

- Anderson PM, Meyer BD. Unemployment Insurance Takeup Rates and the After-Tax Value of Benefits. The Quarterly Journal of Economics 1997, 112(3): 913-937
- Blank RM, Card DE. Recent Trends in Insured and Uninsured Unemployment: Is There an Explanation? The Quarterly Journal of Economics 1991, 106(4): 1157-1189
- Kawaguchi D, Ohtake F. Testing the Morale Theory of Nominal Wage Rigidity. Industrial and Labor Relations Review 2007, 61(1): 59-74
- Lee SY, Ohtake F. Procrastinators and Hyperbolic Discounters: Transition Probabilities of Moving from Temporary into Regular Employment. Journal of the Japanese and International Economies 2014, 34: 291-314
- Lowenstein G, Sicherman N. Do Workers Prefer Increasing Wage Profiles? Journal of Labor Economics 1991, 9(1): 67-84
- Mani A, Mullainathan S, Shafir E, Zhao J. Poverty Impedes Cognitive Function. Science 2013, 341(6149): 976-980
- Paserman MD. Job Search and hyperbolic Discounting: Structural Estimation and Policy Evaluation. Economic Journal 2008, 118(531): 1418-1452
- Shah AK, Mullainathan S, Shafir E. Some Consequence of Having Too Little. Science 2012, 338(6107): 682-685

- Shah AK, Shafir E, Mullainathan S. Scarcity Frames Value, Psychological Science, 2015, 26(4): 402-412
- 센딜·물라이나탄·엘더·샤피르 『언제나 '시간이 없는' 당신에게—결핍의 행동경제학いつも'時間がない'あなたに—欠乏の行動経済学』 오타 나오코大田直子 역, 하야카와쇼보, 2015년
- 고마무라 고헤이駒村康平 「저소득 세대 추계와 생활보호제도低所得世帯の推計と生活保護制度」, 미타상학연구(게이오의숙대학상학회) 46(3): 107-126, 2003년
- 구로카와 히로후미黒川博文·사사키 슈사쿠佐々木周作·오타케 후미오大竹文雄 「장시간 노동자의 특성과 일하는 방식 개혁의 효과長時間労働者の特性と働き方改革の効果」, 행동경제학 2017, 10: 50-66, 2017년
- 야마모토 이사무山本勳·구로다 사치코黒田祥子 「임금의 하방경직성이 초래하는 상방경직성給与の下方硬直性がもたらす上方硬直性」, 겐다 유지玄田有史 편 『인력이 부족한데 왜 임금은 오르지 않나人手不足なのになぜ賃金が上がらないのか』, 게이오의숙대학출판회, 2017년
- 오타케 후미오大竹文雄·오쿠다이라 히로코奥平寛子 「장시간 노동의 경제 분석長時間労働の経済分析」, 쓰루 고타로鶴光太郎·히구치 요시오樋口美雄·미즈마치 유이치로水町勇一郎 편저 『노동시장 개혁—일본의 일하는 방식을 어떻게 바꿀까労働市場制度改革—日本の働き方をいかに変えるか』, 일본평론사, 2009년
- 오타케 후미오大竹文雄 『일본의 불평등—격차사회의 환상과 미래日本の不平等—格差社会の幻想と未来』, 니혼게이자이신문사, 2005년

5장 사회적 선호를 이용한다

증여교환

도서관 작업에서 증여교환에 의한 생산성 향상이 어느 정도 지속되는가를 실제로 계측한 연구는 Gneezy & List(2006)이다. Kube et al.(2013)은 예정한 것보다 임금이 인상된 경우와 인하된 경우의 노동자 생산성 변화를 조사했다. 한편 Kube et al.(2012)은 선물이라고 인식시킴으로써 생산성 향상 효과가 커짐을 보여주었다.

경쟁 선호나 위험회피도의 남녀 차

Sapienza et al.(2009)은 남성 호르몬인 테스토스테론의 타액 농도와 태아기 테스토스테론 조사照射의 대리지수인 집게손가락과 약지 길이의 비율이 위험회피도와 음의 상관을 가지고 있음을 밝혔다. 또한 비즈니스 스쿨 졸업생에게 이들 지표와 고위험 산업인 금융업 취업 확률이 상관이 있음도 보여주었다. 한편 Buser(2012)는 여성 호르몬 중 프로게스테론이 경쟁 선호와 관계가 있음을 경제 실험을 통해 밝혔다.

Gneezy et al.(2003)은 남성이 여성에 비해 경쟁적인 환경에서 더 높은 성과를 발휘하는 경향이 있음을 보여주었다. 또한 Gneezy & Rustichini(2004)는 남성이 경쟁적 환경에서 높은 성과를 발휘하는 경향이 있는 것은 어릴 적부터 시작됨을 보여주었다. 한편 Niederle & Vesterlund(2007)는 여성이 남성에 비해 경쟁적 환경 자체를 좋아하지 않는 경향이 있음을 보여주었다. 미즈타니 노리코水谷德子 외(2009)는 남녀 간 경쟁 선호의 차이가 일본에도 존재하며, 여성은 상대가 여성일 경우 경쟁을 특별히 싫어하지 않음도 보여주었다.

Gneezy et al.(2003)은 부계사회인 마사이족과 모계사회인 카시족에서 경쟁 선호 실험을 하여 카시족에서는 여성이 경쟁을 싫어한다는 결과가 관찰되지 않았음을 밝혔다. Booth & Patrick(2012)은 여학교에 다니고 있는 중학생이나 고교생에게 경쟁 선호의 정도는 남성과 다르지 않음을 보여주고 있다. 터키 초등학생에게 성공하기 위한 노력의 중요성이나 강한 인내심을 장려하는 교육을 하니 경쟁 선호의 남녀 차가 없어졌다고 하는 연구는 Alan & Ertac(2019)이다.

여성 이사 비율을 높이기 위한 넛지

영국 정부가 여성 이사 비율을 높이기 위해 사용한 넛지의 사례에 대해서는 이리스 보넷(2018)을 참고하기 바란다.

무단 예약 취소를 줄이기 위한 넛지

영국 병원에서의 무단 예약 취소 방지책에 관한 넛지의 연구는 Martin et al.(2012)에 소개되어 있다.

제5장 참고 문헌

- Alan S, Ertac S. Mitigating the Gender Gap in the Willingness to Compete: Evidence from a Randomized Field Experiment. J Eur Econ Assos 2019, 17(4): 1147-1185

- Booth A, Patrick N. Choosing to Compete: How Different Are Girls and Boys? Journal of Economic Behavior and Organization 2012, 81(2): 542-555

- Buser T. The impact of the menstrual cycle and hormonal contraceptives on competitiveness. Journal of Economic Behavior and Organization 2012, 83(1): 1-10

- Gneezy U, Leonard KL, List JA. Gender differences in competition: Evidence from a matrilineal and patriarchal society. Econometrica 2009, 77(5): 1637-1644

- Gneezy U, List JA. Putting Behavioral Economics to Work: Testing for Gift Exchange in Labor Markets Using Field Experiments. Econometrica 2006, 74(5): 1365-1384

- Gneezy U, Niederle M, Rustichini A. Performance in Competitive Environments: Gender Diffrences. The Quarterly Journal of Economics 2003, 118(3): 1049-1074

- Gneezy U, Rustichini A. Gender and competition at a young age. American Economic Review 2004, 94(2): 377-381

- Kube S, Maréchal MA, Puppe C. The Currency of Reciprocity: Gift Exchange in the Workplace. American Economic Review 2012, 102(4): 1644-1662

- Kube S, Marechal MA, Puppe C. Do Wage Cuts Damage Work Moral? Evidence from a Natural Field Experiment. Journal of the European Economic Association 2013, 11(4): 853-870

- Martin SJ, Bassi S, Dunbar-Rees R. Commitments, Norms and Custard Creams: A Social Influence Approach to Reducing Did Not Attends (DNAs). Journal of the Royal Society of Medicine 2012, 105(3): 101-104

- Niederle M, Vesterlund L. Do Women Shy Away From Competition?

Do Men Compete Too Much? The Quarterly Journal of Economics 2007, 122(3): 1067-1101

- Sapienza P, Zingales L, Maestripieri D. Gender Differences in Financial Risk Aversion and Career Choices Are Affected by Testosterone. PNAS 2009, 106(36): 15268-15273
- 이리스 보넷 『WORK DESIGN—행동경제학으로 성의 격차를 극복한다行動経済学でジェンダー格差を克服する』 이케무라 치아키池村千秋 역, NTT출판, 2018년
- 미즈타니 노리코水谷德子·오쿠다이라 히로코奥平寛子·기나리 유스케木成勇介·오타케 후미오大竹文雄 「자신과잉이 남성을 경쟁시킨다自信過剰が男性を競争させる」, 행동경제학 2: 60-73, 2009년

제6장 일하는 방식을 제대로 바꾸기 위한 넛지

의미 없는 일

보수가 같아도 의미 없는 일을 시키면 생산성이 낮아짐을 밝힌 연구는 Ariely et al.(2008)이다.

구체적 계획 작성의 중요성

실업자에게 구체적인 구직활동 계획을 세우라고 하여 이를 체크해가면 취업률이 향상된다고 하는 연구는 Abel et al.(2019)이다.

스모의 승부 조작

7승 7패를 기록한 스모 선수가 승부 조작할 가능성이 높음을 분석한 연구는 레빗·더브너(2007)에 소개되어 있다.

증권 딜러의 손실회피

Imas(2016)는 증권 딜러가 반나절 단위로 손실을 확정하는 경우와 하루 단위로 손실을 확정하는 경우를 비교하였다. 그는 하루 단위의 경우 오전 중에 손실을 떠안으면 오후에 위험이 있는 거래를 하는 경향이 있고, 손실이 확정되지 않으면 걸핏하면 위험을 취한다는 것을 실험을 통해 보여주었다.

제6장 참고 문헌

- Abel M, Burger R, Carranza E, Piraino P. Bridging the Intention-Behavior Gap? The Effect of Plan-Making Prompts on Job Search and Employment. American Economic Journal: Applied Economics 2019, 11(2): 284-301
- Ariely D, Kamenica E, Prelec D. Man's Search for Meaning: The Case of Legos. Journal of Economic Behavior and Organization 2008, 67(3-4): 671-677
- Imas A. The Realization Effect: Risk-Taking after Realized versus Paper Losses. American Economic Review 2016, 106(8): 2086-2109
- 스티븐 레빗, 스티븐 더브너 『괴짜경제학ヤばい経済学, 증보개정판[増補改訂版]』 모치즈키 마모루望月衛 역, 도요게이자이신보사, 2007년

제7장 의료·건강 활동에 대한 응용

의료 분야의 넛지

사사키 슈사쿠佐々木周作·오타케 후미오大竹文雄(2019)는 의료·건강 분야에서의 넛지에 관한 연구들을 서베이survey하고 있다. 후쿠요시 준福吉潤(2018)은 하치오지시에서 대장암 검진 수진율을 높이기 위해 손실회피 특성을 이용한 넛지의 실증 실험을 하였다. Milkman et al.(2011)은 인플루엔자 백신 접종률을 높이기 위한 실험을 하였다. Halpern et al.(2013)은 완화치료와 연명치료 가운데 어느 것을 선택할 것인지 등 말기의료 선택에서 디폴트 설정이 어떤 영향을 미치는지 분석하였다. 요시다 사란吉田沙蘭(2018)은 이득 프레임과 손실 프레임이 암 치료를 받을 것인지 여부에 어떤 영향을 미치는지, 그다지 권하기 어려운 암 치료법의 경우 메시지의 효과는 어떤지를 연구하였다.

체중 감량을 위한 넛지

커미트먼트 수단에 관한 정보를 제공하는 인터넷 사이트로는 stickK.com을 참조. http://www.stickk.com

잘 쓰는 손의 엄지손톱에 '키'라고 써두고 식사할 때마다 자신이 다이어트 중이란 것을 상기하도록 하는 다이어트법에 대해서는 나카노 도루仲野

徹(2018)를 참조. 다이어트에 대한 넛지의 효과를 검증한 연구에는 Volpp et al.(2008)과 Patel et al.(2016)이 있다. 포케몬 GO를 하는 사람들의 걸음 수가 많아졌다는 것을 보여주는 연구로는 Howe et al.(2016), Hino et al.(2019)이 있다.

복제의약품 사용을 촉진하는 넛지

신약이 나오면서 이와 동일한 효과를 내는 복제약품이 사라지는 경우도 있다. 따라서 본 장에서 소개한 복제의약품의 사용 비율로는 존재하고 있는 복제의약품과 신의약품의 수량에서 복제의약품의 수량이 차지하는 비율을 사용하고 있다. 후쿠시마현에서 수행한 복제의약품 사용 촉진을 위한 넛지 효과 검증은 이다 다카노리依田高典(2019)에 기초하고 있으며, 그 내용은 「후발의약품 사용 촉진사업(2018년도 행정 리뷰 공개 프로세스 자료, 2018년 6월 7일)」에 상세하게 나와 있다.

장기 제공의 넛지

일본의 장기 이식 현황에 관한 통계는 「공익사단법인 일본장기이식네트워크 뉴스레터 2018, Vol. 22」를 기초로 하고 있다. The Behavioral Insights Team(2013)은 웹에서 운전면허를 갱신할 때 장기 제공자 등록을 권유하는 넛지를 연구했다. 한편 오타케 후미오大竹文雄 외(2018)는 일본에서 장기 제공자 등록을 권유하는 넛지를 연구했다.

제7장 참고 문헌

* Halpern SD, Loewenstein G, Volpp KGM, Cooney EC, Vranas KC, Quill CM, McKenzie MS et al. Default Options in Advance Directives Influence How Patients Set Goals for End-of-Life Care. Health Affairs 2013, 32(2): 408-417

* Hino K, Asami Y, Lee JS. Step Counts of Middle-Aged and Pokémon GO in Yokohama, Japan. Journal of Medical Internet Research 2019, 21(2): e 10724

* Howe KB, Suharlim C, Ueda P et al. Gotta Catch'em All! Pokémon GO and Physical Activity among Young Adults: Difference in Differences Study. BMJ (Online) 2016, 355: I 6270

- Milkman KL, Beshears J, Choi JJ, Laibson D, Madrian BC. Using Implementation Intentions Prompts to Enhance Influenza Vaccination Rates. PNAS 2011, 108(26): 10415-10420
- Patel MS, Asch DA, Rosin R et al. Framing Financial Incentives to Increase Physical Activity among Overweight and Obese Adults: A Randomized, Controlled Trial. Annals of Internal Medicine 2016, 164(6): 385-394
- The Behavioural Insights Team. Applying Behavioural Insights to Organ Donation: Preliminary Results from a Randomised Controlled Trial 2013
- Volpp KG, John LK, Troxel AB, Norton L, Fassbender J, Loewenstein G. Financial Incentive-Based Approaches for Weight Loss: A Randomized Trial. JAMA 2009, 300(22): 2631-2637
- 이다 다카노리依田高典「행동경제학의 특효약 '넛지'의 효능行動經濟學の特效藥 'ナッジ'の効き目」, 주간도요게이자이 4.6: 78-79, 2019년
- 사사키 슈사쿠佐々木周作・오타케 후미오大竹文雄「의료 현장의 행동경제학 : 의사결정의 바이어스와 넛지醫療現場の行動経済学: 意思決定のバイアスとナッジ」, 행동경제학 11: 110-120, 2019년
- 오타케 후미오大竹文雄・사사키 슈사쿠佐々木周作・히라이 게이平井啓・구도 다다시工藤直志「장기 제공의 의사 표시에 관한 개입 연구 : 프로그레스 리포트臟器提供の意思表示に関する介入研究: プログレスレポート」, 2018년도 행동경제학회 보고 논문
- 나카노 도루仲野徹『(그다지) 병 없이 사는 삶(あまり)病気をしない暮らし』, 창문사, 2018년
- 후쿠요시 준福吉潤「어떻게 하면 암 검진의 수진율을 올릴 수 있을까 : 대장암 검진에서 손실 프레임을 이용한 수진 권장どうすればがん検診の受診率を上げられるのか: 大腸がん検診における損失フレームを用いた受診勧奨」, 오타케 후미오大竹文雄・히라이 게이平井啓 편저『의료 현장의 행동경제학—엇갈리는 의사와 환자醫療現場の行動経済学—すれ違う医者と患者』, 도요게이자이신보사, 2018년
- 요시다 사란吉田沙蘭「행동경제학적 접근을 활용한 암 환자의 의사결정 지원行動經濟學的アプローチを用いたがん患者の意思決定支援」, 오타케 후미오大竹文

雄·히라이 게이平井啓 편저 『의료 현장의 행동경제학醫療現場の行動経済学』, 도요게이자이신보사, 2018년

제8장 공공정책에 대한 응용

세금의 행동경제학

실제로 근로자를 실험 대상으로 하여 소득세와 소비세의 등가성等價性을 검증한 연구는 Blumkin et al.(2012)이다. Chetty et al.(2009)은 슈퍼마켓에서 가격에 세금을 포함하는 형태로 가격 표시를 바꿨을 때 매출이 감소함을 보여줬다. Abeler & Jäger(2015)는 복잡한 세제하에서는 최적 노동 공급 행동을 취할 수 없게 됨을 보여줬다. 소비세와 소득세의 세율이 같다면 소비세 부담이 상대적으로 적은데도 사람들이 소비세 과세를 좋아하지 않음을 보여준 연구는 Kurokawa et al.(2016)이다. Lehman et al.(2013)은 노동 공급은 개인 소득세율 변화로부터는 영향을 받지만 사업주가 부담하는 세율의 변화로부터는 영향을 받지 않음을 보여줬다. Saez et al.(2012)은 사업주가 부담하는 임금세가 고소득자의 노동 공급에 영향을 주지 않음을 보여줬다. 실수령 임금액은 같음에도 비례세, 누진소득세, 보너스, 물품세 등의 서로 다른 세제에 직면해 있는 경우를 비교하면 실수령액이 명확하게 표현되어 있는 경우에 노동 공급과 노력 수준이 높아진다는 것을 보여준 것은 Hayashi et al.(2013)이다. 한편 Fochman et al.(2013)은 세전 명목임금이 높은 경우가 실수령액은 같지만 세금이 적은 경우에 비해 노동 공급이 많아짐을 보여줬다.

정책과 넛지

Milkman et al.(2012)은 법률을 제안할 때 손실 메시지를 포함할지 여부에 따라 채택 또는 기각될 가능성이 변함을 실험을 통해 보여주었다. Epley et al.(2006)은 환불금이라 부를지 보너스라 부를지에 따라 소비에 미치는 영향이 달라짐을 보여줬다. Hallsworth et al.(2017)은 다수파의 사람들은 기한을 지켜 납세했고 아직 세금을 내지 않은 사람은 소수파라는 납세 독촉장의 메시지가 유효함을 보여줬다.

헌혈행동과 혈액형

나와타 겐고繩田健悟(2014)는 성격과 혈액형 간에 통계적으로 유의미한 관계가 관찰되지 않음을 보여줬다. Sasaki et al.(2018)은 O형의 혈액형을 가진 사람은 다른 혈액형을 가진 사람과 이타성에 차이가 없음에도 헌혈하는 비율이 높음을 보여줬다.

제8장 참고 문헌

- Abeler J, Jäger S. Complex Tax Incentives. American Economic Journal: Economic Policy 2015, 7(3): 1-28
- Blumkin T, Ruffle BJ, Ganun Y. Are Income and Consumption Taxes Ever Really Equivalent? Evidence from a Real-Effort Experiment with Real Goods. European Economic Review 2012, 56(6): 1200-1219
- Chetty R, Looney A, Kroft K. Salience and Taxation: Theory and Evidence. American Economic Review 2009, 99(4): 1145-1177
- Epley N, Mak D, Idson LC. Bonus or Rebate? The Impact of Income Framing on Spending and Saving. Journal of Behavioral Decision Making 2006, 19(3): 213-227
- Fochmann M, Weimann J, Blaufus K et al. Net Wage Illusion in a Real-Effort Experiment. Scandinavian Journal of Economics 2013, 115(2): 476-484
- Hallsworth M, List JA, Metcalfe RD, Vlaev I. The Behavioralist as Tax Collector: Using Natural Field Experiments to Enhance Tax Compliance. Journal of Public Economics 2017, 148: 14-31
- Hayashi AT, Nakamura BK, Gamage D. Experimental Evidence of Tax Salience and the Labor-Leisure Decision: Anchoring, Tax Aversion, or Complexity? Public Finance Review 2013, 41(2): 203-226
- Kurokawa H, Mori T, Ohtake F. A Choice Experiment on Taxes: Are Income and Consumption Taxes Equivalent? Osaka University ISER Discussion Paper 2016, No. 966
- Lehmann E, Marical F, Rioux L. Labor Income Responds Differently to Income-Tax and Payroll-Tax Reforms. Journal of Public Economics 2013, 99: 66-84

- Milkman KL, Mazza MC, Shu LL et al. Policy Bundling to Overcome Loss Aversion: A Method for Improving Legislative Outcomes. Organizational Behavior and Human Decision Process 2012, 117(1): 158-167

- Saez E, Matsaganis M, Tsakloglou P. Earnings Determination and Taxes: Evidence from a Cohort-Based Payroll Tax Reform in Greece. The Quarterly Journal of Economics 2012, 127(1): 493-533

- Sasaki S, Funasaki Y, Kurokawa H, Ohtake F. Blood Type and Blood Donation Behaviors: An Empirical Test of Pure Altruism Theory. Osaka University ISER Discussion Paper 2018, No. 1029

- 나와타 겐고繩田健悟「혈액형과 성격의 무관련성—일본과 미국의 대규모 사회 조사를 이용한 실증적 논거血液型と性格の無関連性—日本と米国の大規模社会調査を用いた実証的論拠」, 심리학연구 2014, 85(2): 148-156

IWANAMI 058

쉽게 따라하는 행동경제학

초판 1쇄 인쇄 2020년 12월 10일
초판 1쇄 발행 2020년 12월 15일

저자 : 오타케 후미오
번역 : 김동환

펴낸이 : 이동섭
편집 : 이민규, 탁승규
디자인 : 조세연, 김현승, 황효주, 김형주, 김민지
영업·마케팅 : 송정환, 김찬유
e-BOOK : 홍인표, 유재학, 최정수, 서찬웅
관리 : 이윤미

㈜에이케이커뮤니케이션즈
등록 1996년 7월 9일(제302-1996-00026호)
주소 : 04002 서울 마포구 동교로 17안길 28, 2층
TEL : 02-702-7963~5 FAX : 02-702-7988
http://www.amusementkorea.co.kr

ISBN 979-11-274-4108-1 04320
ISBN 979-11-7024-600-8 04080

KODOKEIZAIGAKU NO TSUKAIKATA
by Fumio Ohtake
Copyright © 2019 by Fumio Ohtake
Originally published in 2019 by Iwanami Shoten, Publishers, Tokyo.
This Korean print edition published 2020
by AK Communications,Inc., Seoul
by arrangement with Iwanami Shoten, Publishers, Tokyo

이 책의 한국어판 저작권은 일본 IWANAMI SHOTEN과의 독점계약으로
㈜에이케이커뮤니케이션즈에 있습니다.
저작권법에 의해 한국 내에서 보호를 받는 저작물이므로 무단전재와 무단복제를 금합니다.

이 도서의 국립중앙도서관 출판예정도서목록(CIP)은 서지정보유통지원시스템 홈페이지
(http://seoji.nl.go.kr)와 국가자료공동목록시스템(http://www.nl.go.kr/kolisnet)에서 이용
하실 수 있습니다. (CIP제어번호: CIP2020049189)

*잘못된 책은 구입한 곳에서 무료로 바꿔드립니다.

일본의 지성과 양심

이와나미岩波 시리즈

001 이와나미 신서의 역사

가노 마사나오 지음 | 기미정 옮김 | 11,800원

일본 지성의 요람, 이와나미 신서!
1938년 창간되어 오늘날까지 일본 최고의 지식 교양서 시리즈로 사랑
받고 있는 이와나미 신서. 이와나미 신서의 사상·학문적 성과의 발
자취를 더듬어본다.

002 논문 잘 쓰는 법

시미즈 이쿠타로 지음 | 김수희 옮김 | 8,900원

이와나미서점의 시대의 명저!
저자의 오랜 집필 경험을 바탕으로 글의 시작과 전개, 마무리까지,
각 단계에서 염두에 두어야 할 필수사항에 대해 효과적이고 실천적
인 조언이 담겨 있다.

003 자유와 규율 -영국의 사립학교 생활-

이케다 기요시 지음 | 김수희 옮김 | 8,900원

자유와 규율의 진정한 의미를 고찰!
학생 시절을 퍼블릭 스쿨에서 보낸 저자가 자신의 체험을 바탕으로,
엄격한 규율 속에서 자유의 정신을 훌륭하게 배양하는 영국의 교육
에 대해 말한다.

004 외국어 잘 하는 법

지노 에이이치 지음 | 김수희 옮김 | 8,900원

외국어 습득을 위한 확실한 길을 제시!!
사전·학습서를 고르는 법, 발음·어휘·회화를 익히는 법, 문법의 재
미 등 학습을 위한 요령을 저자의 체험과 외국어 달인들의 지혜를
바탕으로 이야기한다.

005 일본병 -장기 쇠퇴의 다이내믹스-

가네코 마사루, 고다마 다쓰히코 지음 | 김준 옮김 | 8,900원

일본의 사회·문화·정치적 쇠퇴, 일본병!
장기 불황, 실업자 증가, 연금제도 파탄, 저출산·고령화의 진행, 격차와 빈곤의 가속화 등의 「일본병」에 대해 낱낱이 파헤친다.

006 강상중과 함께 읽는 나쓰메 소세키

강상중 지음 | 김수희 옮김 | 8,900원

나쓰메 소세키의 작품 세계를 통찰!
오랫동안 나쓰메 소세키 작품을 음미해온 강상중의 탁월한 해석을 통해 나쓰메 소세키의 대표작들 면면에 담긴 깊은 속뜻을 알기 쉽게 전해준다.

007 잉카의 세계를 알다

기무라 히데오, 다카노 준 지음 | 남지연 옮김 | 8,900원

위대한 「잉카 제국」의 흔적을 좇다!
잉카 문명의 탄생과 찬란했던 전성기의 역사, 그리고 신비에 싸여 있는 유적 등 잉카의 매력을 풍부한 사진과 함께 소개한다.

008 수학 공부법

도야마 히라쿠 지음 | 박미정 옮김 | 8,900원

수학의 개념을 바로잡는 참신한 교육법!
수학의 토대라 할 수 있는 양·수·집합과 논리·공간 및 도형·변수와 함수에 대해 그 근본 원리를 깨우칠 수 있도록 새로운 관점에서 접근해본다.

009 우주론 입문 -탄생에서 미래로-

사토 가쓰히코 지음 | 김효진 옮김 | 8,900원

물리학과 천체 관측의 파란만장한 역사!
일본 우주론의 일인자가 치열한 우주 이론과 관측의 최전선을 전망하고 우주와 인류의 먼 미래를 고찰하며 인류의 기원과 미래상을 살펴본다.

010 우경화하는 일본 정치

나카노 고이치 지음 | 김수희 옮김 | 8,900원

일본 정치의 현주소를 읽는다!
일본 정치의 우경화가 어떻게 전개되어왔으며, 우경화를 통해 달성하려는 목적은 무엇인가. 일본 우경화의 전모를 낱낱이 밝힌다.

011 악이란 무엇인가

나카지마 요시미치 지음 | 박미정 옮김 | 8,900원

악에 대한 새로운 깨달음!

인간의 근본악을 추구하는 칸트 윤리학을 철저하게 파고든다. 선한 행위 속에 어떻게 악이 녹아들어 있는지 냉철한 철학적 고찰을 해본다.

012 포스트 자본주의 -과학·인간·사회의 미래-

히로이 요시노리 지음 | 박제이 옮김 | 8,900원

포스트 자본주의의 미래상을 고찰!

오늘날 「성숙·정체화」라는 새로운 사회상이 부각되고 있다. 자본주의·사회주의·생태학이 교차하는 미래 사회상을 선명하게 그려본다.

013 인간 시황제

쓰루마 가즈유키 지음 | 김경호 옮김 | 8,900원

새롭게 밝혀지는 시황제의 50년 생애!

시황제의 출생과 꿈, 통일 과정, 제국의 종언에 이르기까지 그 일생을 생생하게 살펴본다. 기존의 폭군상이 아닌 한 인간으로서의 시황제를 조명해본다.

014 콤플렉스

가와이 하야오 지음 | 위정훈 옮김 | 8,900원

콤플렉스를 마주하는 방법!

「콤플렉스」는 오늘날 탐험의 가능성으로 가득 찬 미답의 영역, 우리들의 내계, 무의식의 또 다른 이름이다. 융의 심리학을 토대로 인간의 심층을 파헤친다.

015 배움이란 무엇인가

이마이 무쓰미 지음 | 김수희 옮김 | 8,900원

'좋은 배움'을 위한 새로운 지식관!

마음과 뇌 안에서의 지식의 존재 양식 및 습득 방식, 기억이나 사고의 방식에 대한 인지과학의 성과를 바탕으로 배움의 구조를 알아본다.

016 프랑스 혁명 -역사의 변혁을 이룬 극약-

지즈카 다다미 지음 | 남지연 옮김 | 8,900원

프랑스 혁명의 빛과 어둠!

프랑스 혁명은 왜 그토록 막대한 희생을 필요로 하였을까. 시대를 살아가던 사람들의 고뇌와 처절한 발자취를 더듬어가며 그 역사적 의미를 고찰한다.

017 철학을 사용하는 법

와시다 기요카즈 지음 | 김진희 옮김 | 8,900원

철학적 사유의 새로운 지평!
숨 막히는 상황의 연속인 오늘날, 우리는 철학을 인생에 어떻게 '사용'하면 좋을까? '지성의 폐활량'을 기르기 위한 실천적 방법을 제시한다.

018 르포 트럼프 왕국 -어째서 트럼프인가-

가나리 류이치 지음 | 김진희 옮김 | 8,900원

또 하나의 미국을 가다!
뉴욕 등 대도시에서는 알 수 없는 트럼프 인기의 원인을 파헤친다. 애팔래치아산맥 너머, 트럼프를 지지하는 사람들의 목소리를 가감 없이 수록했다.

019 사이토 다카시의 교육력 -어떻게 가르칠 것인가-

사이토 다카시 지음 | 남지연 옮김 | 8,900원

창조적 교육의 원리와 요령!
배움의 장을 향상심 넘치는 분위기로 이끌기 위해 필요한 것은 가르치는 사람의 교육력이다. 그 교육력 단련을 위한 방법을 제시한다.

020 원전 프로파간다 -안전신화의 불편한 진실-

혼마 류 지음 | 박제이 옮김 | 8,900원

원전 확대를 위한 프로파간다!
언론과 광고대행사 등이 전개해온 원전 프로파간다의 구조와 역사를 파헤치며 높은 경각심을 일깨운다. 원전에 대해서, 어디까지 진실인가.

021 허블 -우주의 심연을 관측하다-

이에 마사노리 지음 | 김효진 옮김 | 8,900원

허블의 파란만장한 일대기!
아인슈타인을 비롯한 동시대 과학자들과 이루어낸 허블의 영광과 좌절의 생애를 조명한다! 허블의 연구 성과와 인간적인 면모를 살펴볼 수 있다.

022 한자 -기원과 그 배경-

시라카와 시즈카 지음 | 심경호 옮김 | 9,800원

한자의 기원과 발달 과정!
중국 고대인의 생활이나 문화, 신화 및 문자학적 성과를 바탕으로, 한자의 성장과 그 의미를 생생하게 들여다본다.

023 지적 생산의 기술

우메사오 다다오 지음 | 김욱 옮김 | 8,900원

지적 생산을 위한 기술을 체계화!

지적인 정보 생산을 위해 저자가 연구자로서 스스로 고안하고 동료들과 교류하며 터득한 여러 연구 비법의 정수를 체계적으로 소개한다.

024 조세 피난처 -달아나는 세금-

시가 사쿠라 지음 | 김효진 옮김 | 8,900원

조세 피난처를 둘러싼 어둠의 내막!

시민의 눈이 닿지 않는 장소에서 세 부담의 공평성을 해치는 온갖 악행이 벌어진다. 그 조세 피난처의 실태를 철저하게 고발한다.

025 고사성어를 알면 중국사가 보인다

이나미 리쓰코 지음 | 이동철, 박은희 옮김 | 9,800원

고사성어에 담긴 장대한 중국사!

다양한 고사성어를 소개하며 그 탄생 배경인 중국사의 흐름을 더듬어본다. 중국사의 명장면 속에서 피어난 고사성어들이 깊은 울림을 전해준다.

026 수면장애와 우울증

시미즈 데쓰오 지음 | 김수희 옮김 | 8,900원

우울증의 신호인 수면장애!

우울증의 조짐이나 증상을 수면장애와 관련지어 밝혀낸다. 우울증을 예방하기 위한 수면 개선이나 숙면법 등을 상세히 소개한다.

027 아이의 사회력

가도와키 아쓰시 지음 | 김수희 옮김 | 8,900원

아이들의 행복한 성장을 위한 교육법!

아이들 사이에서 타인에 대한 관심이 사라져가고 있다. 이에 「사람과 사람이 이어지고, 사회를 만들어나가는 힘」으로 「사회력」을 제시한다.

028 쑨원 -근대화의 기로-

후카마치 히데오 지음 | 박제이 옮김 | 9,800원

독재 지향의 민주주의자 쑨원!

쑨원, 그 남자가 꿈꾸었던 것은 민주인가, 독재인가? 신해혁명으로 중화민국을 탄생시킨 희대의 트릭스터 쑨원의 못다 이룬 꿈을 알아본다.

029 중국사가 낳은 천재들
이나미 리스코 지음 | 이동철, 박은희 옮김 | 8,900원
중국 역사를 빛낸 56인의 천재들!
중국사를 빛낸 걸출한 재능과 독특한 캐릭터의 인물들을 연대순으로 살펴본다. 그들은 어떻게 중국사를 움직였는가?!

030 마르틴 루터 -성서에 생애를 바친 개혁자-
도쿠젠 요시카즈 지음 | 김진희 옮김 | 8,900원
성서의 '말'이 가리키는 진리를 추구하다!
성서의 '말'을 민중이 가슴으로 이해할 수 있도록 평생을 설파하며 종교개혁을 주도한 루터의 감동적인 여정이 펼쳐진다.

031 고민의 정체
가야마 리카 지음 | 김수희 옮김 | 8,900원
현대인의 고민을 깊게 들여다본다!
우리 인생에 밀접하게 연관된 다양한 요즘 고민들의 실례를 들며, 그 심층을 살펴본다. 고민을 고민으로 만들지 않을 방법에 대한 힌트를 얻을 수 있을 것이다.

032 나쓰메 소세키 평전
도가와 신스케 지음 | 김수희 옮김 | 9,800원
일본의 대문호 나쓰메 소세키!
나쓰메 소세키의 작품들이 오늘날에도 여전히 사람들의 마음을 매료시키는 이유는 무엇인가? 이 평전을 통해 나쓰메 소세키의 일생을 깊이 이해하게 되면서 그 답을 찾을 수 있을 것이다.

033 이슬람문화
이즈쓰 도시히코 지음 | 조영렬 옮김 | 8,900원
이슬람학의 세계적 권위가 들려주는 이야기!
거대한 이슬람 세계 구조를 지탱하는 종교·문화적 밑바탕을 파고들며, 이슬람 세계의 현실이 어떻게 움직이는지 이해한다.

034 아인슈타인의 생각
사토 후미타카 지음 | 김효진 옮김 | 8,900원
물리학계에 엄청난 파장을 몰고 왔던 인물!
아인슈타인의 일생과 생각을 따라가보며 그가 개척한 우주의 새로운 지식에 대해 살펴본다.

035 음악의 기초

아쿠타가와 야스시 지음 | 김수회 옮김 | 9,800원

음악을 더욱 깊게 즐길 수 있다!
작곡가인 저자가 풍부한 경험을 바탕으로 음악의 기초에 대해 설명하는 특별한 음악 입문서이다.

036 우주와 별 이야기

하타나카 다케오 지음 | 김세원 옮김 | 9,800원

거대한 우주의 신비와 아름다움!
수많은 별들을 빛의 밝기, 거리, 구조 등을 다양한 시점에서 해석하고 분류해 거대한 우주 진화의 비밀을 파헤쳐본다.

037 과학의 방법

나카야 우키치로 지음 | 김수회 옮김 | 9,800원

과학의 본질을 꿰뚫어본 과학론의 명저!
자연의 심오함과 과학의 한계를 명확히 짚어보며 과학이 오늘날의 모습으로 성장해온 궤도를 사유해본다.

038 교토

하야시야 다쓰사부로 지음 | 김효진 옮김 | 10,800원

일본 역사학자의 진짜 교토 이야기!
천년 고도 교토의 발전사를 그 태동부터 지역을 중심으로 되돌아보며, 교토의 역사와 전통, 의의를 알아본다.

039 다윈의 생애

야스기 류이치 지음 | 박제이 옮김 | 9,800원

다윈의 진솔한 모습을 담은 평전!
진화론을 향한 청년 다윈의 삶의 여정을 그려내며, 위대한 과학자가 걸어온 인간적인 발전을 보여준다.

040 일본 과학기술 총력전

야마모토 요시타카 지음 | 서의동 옮김 | 10,800원

구로후네에서 후쿠시마 원전까지!
메이지 시대 이후 「과학기술 총력전 체제」가 이끌어온 근대 일본 150년. 그 역사의 명암을 되돌아본다.

041 밥 딜런

유아사 마나부 지음 | 김수희 옮김 | 11,000원

시대를 노래했던 밥 딜런의 인생 이야기!

수많은 명곡으로 사람들을 매료시키면서도 항상 사람들의 이해를
초월해버린 밥 딜런. 그 인생의 발자취와 작품들의 궤적을 하나하나
짚어본다.

042 감자로 보는 세계사

야마모토 노리오 지음 | 김효진 옮김 | 9,800원

인류 역사와 문명에 기여해온 감자!

감자가 걸어온 역사를 돌아보며, 미래에 감자가 어떤 역할을 할 수
있는지, 그 가능성도 아울러 살펴본다.

043 중국 5대 소설 삼국지연의 · 서유기 편

이나미 리쓰코 지음 | 장원철 옮김 | 10,800원

중국 고전소설의 매력을 재발견한다!

중국 5대 소설로 꼽히는 고전 명작 『삼국지연의』와 『서유기』를 중국
문학의 전문가가 흥미롭게 안내한다.

044 99세 하루 한마디

무노 다케지 지음 | 김진희 옮김 | 10,800원

99세 저널리스트의 인생 통찰!

저자는 인생의 진리와 역사적 증언들을 짧은 문장들로 가슴 깊이 우
리에게 전한다.

045 불교입문

사이구사 미쓰요시 지음 | 이동철 옮김 | 11,800원

불교 사상의 전개와 그 진정한 의미!

붓다의 포교 활동과 사상의 변천을 서양 사상과의 비교로 알아보고,
나아가 불교 전개 양상을 그려본다.

046 중국 5대 소설 수호전 · 금병매 · 홍루몽 편

이나미 리쓰코 지음 | 장원철 옮김 | 11,800원

중국 5대 소설의 방대한 세계를 안내하다!

「수호전」, 「금병매」, 「홍루몽」 이 세 작품이 지니는 상호 불가분의 인
과관계에 주목하면서, 서사란 무엇인지에 대해서도 고찰해본다.

047 로마 산책

가와시마 히데아키 지음 | 김효진 옮김 | 11,800원

'영원의 도시' 로마의 역사와 문화!
일본 이탈리아 문학 연구의 일인자가 로마의 거리마다 담긴 흥미롭고 오랜 이야기를 들려준다. 로마만의 색다른 낭만과 묘미를 좇는 특별한 로마 인문 여행.

048 카레로 보는 인도 문화

가라시마 노보루 지음 | 김진희 옮김 | 13,800원

인도 요리를 테마로 풀어내는 인도 문화론!
인도 역사 연구의 일인자가 카레라이스의 기원을 찾으며, 각지의 특색 넘치는 요리를 맛보고, 역사와 문화 이야기를 들려준다. 인도 각 고장의 버라이어티한 아름다운 요리 사진도 다수 수록하였다.

049 애덤 스미스

다카시마 젠야 지음 | 김동환 옮김 | 11,800원

우리가 몰랐던 애덤 스미스의 진짜 얼굴
애덤 스미스의 전모를 살펴보며 그가 추구한 사상의 본뜻을 이해하고, 근대화를 향한 투쟁의 여정을 들여다본다

050 프리덤, 어떻게 자유로 번역되었는가

야나부 아키라 지음 | 김옥희 옮김 | 12,800원

근대 서양 개념어의 번역사
「사회」, 「개인」, 「근대」, 「미」, 「연애」, 「존재」, 「자연」, 「권리」, 「자유」, 「그, 그녀」 등 10가지의 번역어들에 대해 실증적인 자료를 토대로 성립 과정을 날카롭게 추적한다.

051 농경은 어떻게 시작되었는가

나카오 사스케 지음 | 김효진 옮김 | 12,800원

농경은 인류 문화의 근원!
벼를 비롯해 보리, 감자, 잡곡, 콩, 차 등 인간의 생활과 떼려야 뗄 수 없는 재배 식물의 기원을 공개한다.

052 말과 국가

다나카 가쓰히코 지음 | 김수희 옮김 | 12,800원

언어 형성 과정을 고찰하다!
국가의 사회와 정치가 언어 형성 과정에 어떠한 영향을 미치는지, 그 복잡한 양상을 날카롭고 알기 쉽게 설명한다.

053 헤이세이(平成) 일본의 잃어버린 30년

요시미 슌야 지음 | 서의동 옮김 | 13,800원

일본 최신 사정 설명서!

경제 거품 붕괴, 후쿠시마 원전사고, 가전왕국의 쇠락 등 헤이세이의
좌절을 한 권의 책 속에 건축한 '헤이세이 실패 박물관'.

054 미야모토 무사시 -병법의 구도자-

우오즈미 다카시 지음 | 김수희 옮김 | 13,800원

미야모토 무사시의 실상!

무사시의 삶의 궤적을 더듬어보는 동시에, 지극히 합리적이면서도
구체적으로 기술된 그의 사상을 『오륜서』를 중심으로 정독해본다.

055 만요슈 선집

사이토 모키치 지음 | 김수희 옮김 | 14,800원

시대를 넘어 사랑받는 만요슈 걸작선!

『만요슈』작품 중 빼어난 걸작들을 엄선하여, 간결하면서도 세심한
해설을 덧붙여 한 권의 책으로 엮어낸『만요슈』에센스집.

056 주자학과 양명학

시마다 겐지 지음 | 김석근 옮김 | 13,800원

같으면서도 달랐던 두 가지 시선!

중국의 신유학은 인간을 어떻게 이해하려 했는가? 동아시아 사상사
에서 빼놓을 수 없는 주자학과 양명학의 역사적 역할을 분명히 밝혀
본다.

057 메이지 유신

다나카 아키라 지음 | 김정희 옮김 | 12,800원

일본의 개항부터 근대적 개혁까지!

메이지 유신 당시의 역사적 사건들을 깊이 파고들며 메이지 유신이
가지는 명과 암의 성격을 다양한 사료를 통해서 분석한다.